2013년 4월 2일 초판 발행 | 2013년 3월 25일 초판 인쇄

글 안선모 | 그림 김은경

펴낸이 정태선
기획·편집 안경란·이소영 | 디자인 고정자·이상명 | 마케팅 김현우

펴낸곳 파란정원 | 출판등록 제395-2010-000070호
주소 서울시 서대문구 홍제동 90-15 2층 | 전화 02-6925-1628 | 팩스 02-723-1629
전자우편 eatingbooks@naver.com
종이 진영지업 | 인쇄 조일문화 | 제본 경문제책사

ⓒ안선모 2013
ISBN 978-89-94813-39-4 63370

깔깔깔 즐거운 학교생활 3~4학년

학교생활을 즐겁고 알차게 하는 방법!

학교는 어린이 여러분의 생활에서 큰 부분을 차지하는 중요한 곳이에요. 반 친구들과 함께 생활을 하면서, 소중한 우정을 나누며, 나눔과 배려, 질서와 규칙을 익힐 수 있고 담임선생님은 공부 이외에도 예절과 생활태도 등 여러분이 훌륭한 어른으로 성장할 수 있도록 많은 가르침을 주시는 곳이 바로 학교예요.

이렇게 우리에게 꼭 필요한 많은 것을 배우는 학교에 가는 것이 재미없다면, 하루하루가 너무 괴로울 거예요. 혹시, 학교 가는 것이 즐겁지 않나요? 그렇다면 어떻게 해야 할까요? 어떻게 하면 학교 다니는 것이 즐겁고 하루하루를 재미있게 만들 수 있을까요?

첫 번째는 긍정적인 마음을 갖는 거예요.

긍정적인 마음은 힘들고 어려운 일도 쉽게 해결할 수 있는 에너지가 되거든요. 학교생활을 하다가 크고 작은 어려운 일을 만나게 되면, "잘 될 거야. 나는 할 수 있어!"라는 마음으로 스스로를 격려해 주세요.

두 번째는 도전적인 마음을 갖는 거예요.

학교생활이 뭔가 어렵고 힘들다고, 바로 포기하거나 의기소침해 있기보다는 "이 정도쯤은 충분히 해결할 수 있어" 하는 마음으로 용기 있게 도전해 보세요. 부딪혀서 하나씩 풀어나가면 어느 순간 커다란 문제도 조금

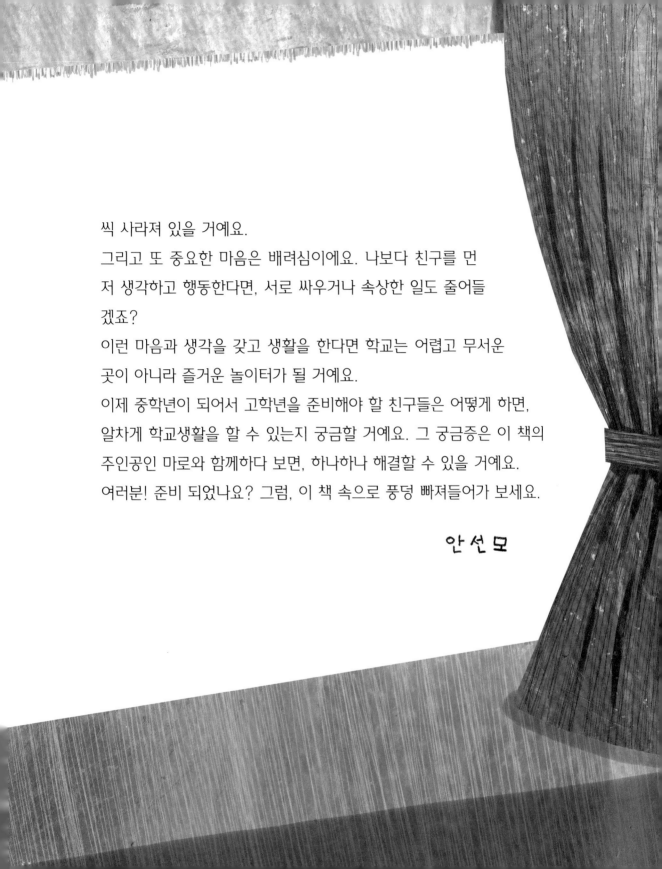

씩 사라져 있을 거예요.

그리고 또 중요한 마음은 배려심이에요. 나보다 친구를 먼저 생각하고 행동한다면, 서로 싸우거나 속상한 일도 줄어들겠죠?

이런 마음과 생각을 갖고 생활을 한다면 학교는 어렵고 무서운 곳이 아니라 즐거운 놀이터가 될 거예요.

이제 중학년이 되어서 고학년을 준비해야 할 친구들은 어떻게 하면, 알차게 학교생활을 할 수 있는지 궁금할 거예요. 그 궁금증은 이 책의 주인공인 마로와 함께하다 보면, 하나하나 해결할 수 있을 거예요.

여러분! 준비 되었나요? 그럼, 이 책 속으로 풍덩 빠져들어가 보세요.

안선모

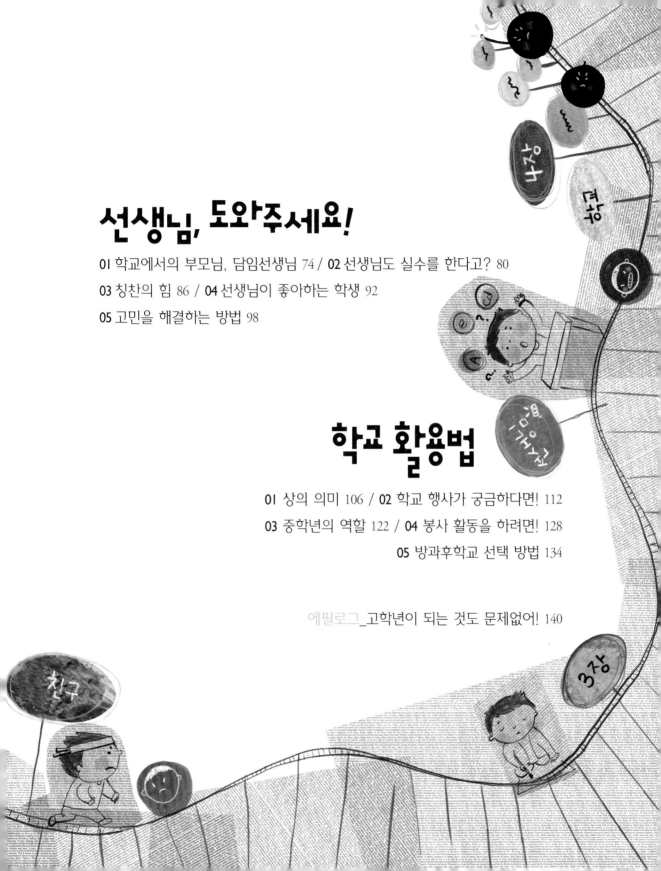

선생님, 도와주세요!

학교 활용법

지금 나의 모습은?

나를 똑바로 바라보기

자신에 대해서 진지하게 생각해 본 적이 있나요?

자신을 객관적으로 바라보기는 참 어려운 일이에요. 하지만 나를 잘 알아야 장점을 살리고, 단점은 줄여갈 수 있어요.

그러기 위해서 자신의 행동을 원인과 결과로 나누어 생각해 보는 연습이 필요해요.

예를 들어 지각을 했다면, 왜 지각을 했는지 그 원인을 찾아 보세요.

왜 지각을 했을까?	늦잠을 잤기 때문에
왜 늦잠을 잤을까?	늦게까지 숙제를 해야 했기 때문에
왜 늦게까지 숙제를 했을까?	숙제를 늦게 시작했기 때문에
왜 숙제를 늦게 시작했을까?	게임에 빠져서 숙제를 뒤로 미뤘다. **원인**

겟업, 겟업(Get up, get up)!

단잠을 깨우는 알람 소리에 마로는 이불을 푹 뒤집어 썼다. 알람이 영어로 바뀐 것은 새 학기가 시작된 3월부터였다.

"이제부터 네 스스로 일어나. 아무리 늦어도 학교까지 태워다 주지 않을 거야."

"엄마, 갑자기 그러는 게 어딨어요?"

엄마의 선언에 마로뿐만 아니라 아빠도 놀라서 말했다.

"우리 달팽이가 잘 해낼 수 있을까?"

"내년이면 고학년이 되는데 스스로 하는 연습을 해야죠. 그 달팽이라는 별명부터 꼭 떼어 내야 한다고요!"

엄마는 회사에 출근하기 전, 아무리 바빠도 마로를 교문 앞까지 꼭 태워다 주었다. 학교가 멀지는 않았지만, 행동이 너무 느리고 한눈을 잘 팔아 마로가 지각을 밥 먹듯 했기 때문이다.

그랬던 엄마가 갑자기 변해서 마로를 아침마다 괴롭히기 시작했다. 마로는 아침밥을 먹는 둥 마는 둥 책가방을 둘러메고 집을 나섰다. 천천히 학교를 향해 걸어가는데, 아침 식탁에서 엄마가 했던 말이 떠올랐다.

"마로야, 그렇게 느려서 어떻게 하려고 그래? 넌 중학년이잖아. 저학년 때처럼 행동하면 안 된다고!"

마로는 괜스레 가로수를 발로 세게 걷어찼다.

"내가 뭘 잘못했다고 엄마는 자꾸 잔소리를 하는 거야, 쳇!"

마로는 학교 가는 길에 있는 문구점의 새로 나온 게임기에 빠져 한참 시간을 보내다 슈퍼마켓에 들어가 음료수와 빵을 샀다. 아침을 제대로 먹지 못해서인지 배가 고팠기 때문이다. 그런데 입에 빵을 넣는 순간 학교에서 아침 자습 시작종이 울리는 것이 들렸다.

"헉, 또 지각이다!"

마로는 빵을 입에 문 채 교문을 향해 달렸다.

"앗, 그러고 보니 오늘부터 당번이지!"

순간 마녀 같은 짝꿍의 얼굴이 떠올랐다.

"아이고, 난 죽었다."

혼자 학교에 가기 시작하면서 마로는 계속 지각을 하고 있다. 엄마 말대로 중학년다워지는 것은 정말 힘든 일인 것 같다.

🖊 나의 학교생활 성실지수는 몇 점일까?

☐ 아침에 스스로 일어난다.

☐ 학교 갈 준비를 혼자서 알아서 한다.

☐ 당번 활동 및 1인1역을 잘하는 편이다.

☐ 지각을 하지 않는다.

☐ 친구들의 의견을 존중하며 사이좋게 지내는 편이다.

☐ 알림장은 매일 확인하고 준비물을 잊지 않고 챙긴다.

☐ 선생님 말씀을 잘 듣고 학급 일에 협조를 잘한다.

☐ 수행평가가 예고되면 미리 대비를 한다.

☐ 단원평가가 끝나면 틀린 문제를 다시 확인한다.

☐ 숙제를 잊지 않고 꼬박꼬박 해 간다.

8개~10개 성실하네요!
칭찬 받아 마땅합니다.

5개~7개 잘 해내고 있으나
좀 더 노력을 기울이세요!

4개 이하 반성이 꼭 필요합니다!
이유를 찾아내 고쳐나가세요.

포트폴리오 만들기

'포트폴리오'란 자신의 특성을 한눈에 알아볼 수 있도록 여러 자료들을 모아놓은 '자료 수집철'을 말해요. 상장, 성적표, 심리검사결과표, 체험 학습 자료, 동아리 활동과 관련한 자료, 각종 사진 등 자신과 관련된 자료들을 스크랩북이나 파일을 이용해 만들어 보세요.

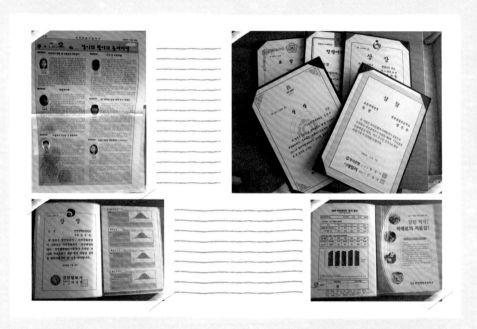

나 자신을 알면 나의 꿈을 알게 되고, 나의 꿈을 알게 되면 내가 원하는 일, 내가 진정으로 좋아하는 일을 찾아낼 수 있어요. 미래의 멋진 나를 만나기 위해 나에 대해 관심을 가져 보세요.

02 긍정적인 생각으로 적극적으로 해결하기

긍정적으로 생각하는 것은 좋지만, 상황을 정확히 보려고 하지 않는 것은 무책임한 행동이에요. 문제는 정확하게 바라보고, 해결은 긍정적인 생각을 가지고 적극적으로 해나간다면 더할 나위 없이 좋겠죠?

칭찬
나를 먼저 사랑해야지 다른 사람에게도 인정받고 베풀 수 있어요.
스스로를 칭찬해 주세요.

웃음
상대방이 웃으면 나도 같이 웃게 돼요. 내가 먼저 환하게 웃으면, 친구도 함께 웃게 되겠죠?

실천
해야 할 일이 있다면, 다음으로 미루지 말고, 언제나 노력하고 실천하는 것이 중요해요.

16

마로는 살금살금 교실 뒷문을 열고 들어갔다. 다행히 선생님은 자리를 비우고 계시지 않았다.

"미안, 미안!"

마로는 황급히 자리에 앉으며 지원이에게 말했다.

창가의 화분들은 물을 주어 싱싱했고, 칠판은 티끌 하나 없이 말끔하게 지워져 있었다.

'역시 서쪽 마녀 서지원이 최고야!'

마로는 속으로 중얼거리며 엄지손가락을 쓱 들어 올렸다.

하지만 아침 자습 시간이 끝나는 종이 울리자마자 지원이의 잔소리가 시작되었다.

"너 때문에 내가 오늘 아침 얼마나 바빴는지 알아?"

"그래도 너 혼자서 잘 해냈잖아. 그러면 됐지 뭘 그래?"

"만약 제대로 못했으면 어쩔 뻔했어? 선생님한테 꾸중 듣고, 아이들한테도 눈총 받고."

"그런 일은 일어나지 않았잖아."

"창틀 먼지도 닦아야 하는데 못 했단 말이야. 네가 늦게 오는 바람에."

"그건 이따 점심시간에 닦으면 되잖아."

"넌 어쩜 그렇게 걱정이 없니? 책임감이라곤 눈곱만큼도 없어!"

마로는 고개를 푹 숙였다. 인정하고 싶지는 않았지만 다 맞는 말이었다.

"서지원, 네 말이 그렇다고 다 맞는 것도 아냐!"

수연이의 말에 마로는 고개를 번쩍 들었다. 지원이도 놀랐는지 눈을 동그랗게 뜨고 수연이를 쳐다보았다.

수연이는 반에서 책을 가장 많이 읽는 똑똑한 친구지만, 가끔 이상한 말과 행동을 해서 별명이 '4차원 소녀'다.

"서지원, 네 말은 너무 부정적이야. 그래서 듣고 나면 기분은 별로 좋지 않지!"

수연이가 마로의 어깨를 툭 치며 말했다.

"반대로 유마로, 너는 지나치게 긍정적이지. 그런데 그것도 말이야. 현실을 똑바로 보려고 하지 않고, 행동하지도 않으니까 좋기만 한 것은 아니지!"

마로는 고개를 갸웃했다. 수연이의 말이 이해가 될 듯 안 될 듯 아리송했다.

"유마로처럼 긍정적으로 생각하고, 서지원처럼 적극적으로 행동한다면 정말 좋을 텐테…… . 물론, 쉽지 않은 일이지."

긍정과 부정, 어느 쪽에 가까운 사람일까?

못 가져온 것은 내 잘못이야. 선생님께 말씀드리고 내일 검사 맡자.

어쩌지? 못 가져왔다고 하면 선생님이 분명 안 믿을 거야.

그래도 조금밖에 안 묻었으니 다행이다. 얼른 물로 씻어야겠다.

에이, 새 옷인데, 누구야? 누가 민 거야?

골키퍼가 실력이 상당히 늘었네. 더 열심히 연습해야겠다.

에이, 공이 안 들어갔으니 오늘 하루 재수 없겠다.

다음부터는 복도에서 뛰지 말아야지. 친구들 보기 창피하네.

선생님은 나만 갖고 그래? 준성이랑 예지도 뛰었는데!

나의 생활태도 평가하기

기본 생활태도	자기 평가		
맡은 일을 성실히 수행하고 있다.	상	중	하
인사 예절을 잘 알고, 지키려고 노력하고 있다.	상	중	하
식사 예절을 잘 알고, 지키려고 노력하고 있다.	상	중	하
학교에서의 여러 규칙을 알고, 이를 실천하고 있다.	상	중	하
학용품을 아껴 쓰고, 근검절약하는 생활을 하고 있다.	상	중	하
생활계획표를 세워 실천하고 있다.	상	중	하
주변 환경을 깨끗이 하려 노력하고 있다.	상	중	하
신체의 소중함을 알고, 깨끗이 하려고 노력하고 있다.	상	중	하
장소, 대상에 따른 적합한 예절 생활을 하고 있다.	상	중	하
좋은 친구 관계를 유지하기 위해 노력하고 있다.	상	중	하

03 중학년이 되면 달라지는 것들!

중학년은 도움을 받기보다는 스스로 해야 할 일이 늘어나고
동생들을 도와줘야 해요.
중학년이 되어서 달라지는 점들을 알아볼까요?

전교 회장 선거에 투표권이 생긴다.

수업 시간이 늘어나면서 오후 수업이 많아진다.

학급어린이회의를 진행한다.

배워야 할 교과목 수가 늘어나 책가방의 무게도 늘어난다.

학교 청소 담당구역이 배정된다.

영어나 과학 수업 등을 위해 특별 교실로의 이동이 많아진다.

"유마로, 빨리 먹고 나와. 남자가 모자라니까 빠질 생각은 하지 말고!"

날쌘돌이 찬이가 급식실을 나가면서 마로에게 소리쳤다.

마로가 운동장에 나가니, 아이들은 벌써 운동장에 금을 그어 피구장을 만들어 놓았다.

"와, 신난다! 오늘은 6학년 형이랑 누나가 수학여행을 가서 운동장이 비었어."

"맞아, 맞아! 빨리 시작하자. 5학년이 언제 나올지 몰라."

아이들은 서둘러 피구를 시작했다. 공을 던져 맞추는 것도, 공을 피해 요리조리 도망치는 것도 재미있어서 요즘 최고 인기다.

"야, 너희들 비켜! 공에 맞고 싶지 않으면."

어디선가 쌩 소리를 내며 축구공이 날아오더니 5학년 형들이 우르르 달려 나왔다.

"운동장이 다 형들 거야?"

찬이의 말에 덩치 큰 5학년 형들이 무섭게 노려보았다.

"그래, 우
리 거다. 어쩔래?"
그 말에 마로네 반 아
이들은 슬금슬금 운동장
가장자리로 밀려날 수밖에
없었다. 운동장 가장자리
에서는 1~2학년 꼬마들
이 삼삼오오 모여 줄넘
기를 하고 있었다.

"형들처럼 우리도 저 꼬마들한테 자리를 비키라고 해야 하나?"

"그럴 순 없지. 그러면 우리도 형들이랑 똑같아 지는 거잖아."

찬이가 화가 난다는 듯 공을 뻥 차며 말했다.

"에이, 그러면 우린 뭐야? 운동장 가운데에서도 쫓겨나고, 운동장 가장자리도 양보해야 하고."

"그러니까 우리는 정말 슬픈 샌드위치 학년이지!"

수연이의 말에 아이들이 깔깔 웃었다.

그때, 1학년 꼬마 둘이 마로에게 다가와서 말했다.

"오빠! 내 친구가 다쳤는데 보건실에 좀 데려다 줘. 오빠가 힘이 제일 셀 것 같아."

마로는 동생들의 부탁을 거절할 수 없어서 1학년 꼬마를 등에 업었다. 동생을 업고 보건실까지 가는 것은 생각보다 많이 힘들었지만, 어린 동생을 도울 수 있는 형이 되었다는 느낌 때문인지 왠지 기분은 좋았다.

학급어린이회의는 어떤 마음으로 참석해야 할까?

학급어린이회의는 어린이들 스스로 학급의 문제를 해결하는 힘을 키워 주기 위한 자치 활동이에요. 다른 사람의 의견을 듣고 의사 결정을 하는 학급회의 활동은 민주적인 시민이 되기 위한 첫걸음이에요.

🔒 회의 순서에 따라 회장의 말에 잘 따른다.

🔒 의견을 발표할 때는 명확하고 똑똑한 목소리로 이야기한다.

🔒 다른 사람의 의견을 주의 깊게 듣는다.

🔒 자신이 속한 부의 활동을 잘 알리고 함께할 수 있도록
　　구체적인 실천 방법을 이야기한다.

학급어린이회의 시간을 노는 시간 또는 자기 마음대로 행동하는 시간으로 잘못 생각하고, 회의에 성실하게 참여하지 않는 어린이들이 있어요. 학급회의에 참여하는 것은 자신에게 주어진 고귀한 권리이면서 의무라는 것을 잊으면 안 돼요.

✏️ 나의 공약 적어 보세요

중학년이 되면 전교어린이회 정부회장 선거권이 생겨요. 후보들이 어떤 학교를 만들겠다고 이야기하는지 잘 듣고, 신중하게 고민해서 소중한 한 표를 행사해야 해요.

전교어린이회장에 출마한다면, 어떤 공약을 내세울지 적어 보세요.

★ 공   약 ★

기호 번

1.

2.

3.

04 싫어하는 것을 이겨내는 방법

좋아하는 것을 잘해내는 것만큼 중요한 일은 싫어하는 것을 이겨내는 일이에요. 어떻게 하면 싫어하는 것을 줄여나갈 수 있을까요?

1 싫어하는 것을 적는다.

수학

2 왜 싫어하게 되었는지, 그 이유를 고민한다.

빨리 문제를 풀어야 한다는 스트레스 때문에 자꾸 실수를 한다.

3 이겨내기 위한 방법을 연구한다.

빨리 푸는 것보다 정확하게 푸는 것에 집중을 해 보자.

4 구체적으로 실천할 수 있는 것들을 적는다.

시간 안에 모든 문제를 풀기보다는 한 문제라도 정확하게 푸는 것부터 연습을 해야겠다.

"**야호,** 신난다! 영어시간이다!"

반 아이들이 시간표를 보더니 벌떡 일어나며 외쳤다. 그 말을 듣는 순간, 마로는 머리가 지끈지끈 아파와 저절로 인상이 써졌다.

"달팽이, 너도 영어시간을 싫어하는구나. 나도 싫어하는데."

"그래? 넌 싫어하는 과목 없는 줄 알았는데."

마로의 표정을 본 수연이가 피식 웃으며 말했다.

"어떻게 그 많은 과목을 다 좋아할 수가 있니? 그런 일은 인간에 겐 불가능하지. 혹시 모르겠다, 서쪽 마녀에게는 가능할지."

교실을 나가던 지원이가 힐끔 뒤를 돌아보았다. 마로와 수연이는 아무 일도 없었다는 듯 딴청을 했다.

영어 학습실 앞에서 영어 선생님과 원어민 선생님이 아이들을 반 갑게 맞이했다.

"웰 컴 투 잉글리시 클래스 룸!"

아이들도 반갑게 손을 흔들며 대답했다.

"하이, 미스 민! 하이 캐시!"

수업이 시작되고 짝을 이뤄 영어로 대화를 나누는 시간이 되자, 마로와 수연이는 다른 사람이 듣지 못하게 조용히 속삭였다.

"넌 무슨 과목 좋아하니?"

수연이의 말에 마로가 머뭇거리며 대답했다.

"솔직히 좋아하는 과목이 별로 없어."

"크크. 난 미술시간이랑 체육시간은 좋은데, 다른 시간은 별로 흥미 없어."

"넌 그래도 수업 시간에 잘 참여하잖아."

"그냥 열심히 하려고 노력하는 거지. 싫어한다고 가만히 있을 순 없잖아."

수업 시간에 꿔다 논 보릿자루처럼 멍하니 앉아 있는 자신의 모습을 상상하니 얼굴이 빨개졌다.

"너도 나처럼 싫어하는 것들도 열심히 하려고 노력해 봐. 그러면 조금씩 나아지질 거야."

✏️ 싫어하는 것을 줄여 나가기

내가 좋아하는 것과 싫어하는 것을 생각나는 대로 써 보세요.

좋아하는 것은   개, 싫어하는 것은 개예요.

싫어하는 것을 어떻게 이겨낼 것인지 계획을 적어 보세요.

내가 좋아하는 것과 어울리는 직업 찾아보기

과학적 사고
논리적 문제해결
숫자 외우기

연구원, 기획자,
보험계리사 등

상대방의 기분과
마음을 알아채기
사람들과 어울리기

정치가, 홍보 및
영업 담당 등

악기 연주
음악 듣고 기억하기
악보 그리기

연주가, 작곡가,
뮤지컬 배우 등

낱말 놀이
외국어 사용
조리 있게 말하기
설득력 있는 글쓰기

아나운서, 작가 등

몸동작으로
기분 표현하기
댄스 안무 따라하기
균형 감각

운동선수, 댄서 등

그리기, 만들기
집에 대한 관심
길 찾기

공간 디자이너,
건축가 등

등산, 하이킹
동물, 식물 기르기

탐험가,
환경운동가 등

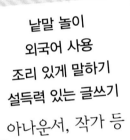

★꿈★

나만의 꿈의 목록 만들기

꿈이 없는 사람에게 인생은 지루하고 따분하지만, 꿈이 많은 사람에게 인생은 즐거운 놀이터예요. 여러 가지 꿈을 꾸는 것도 좋지만, 이루고 싶은 꿈을 구체적으로 정하고 하나씩 이루어내는 것이 더 중요해요.

이렇게 내가 하고 싶은 일을 구체적으로 리스트로 만들어 정리하는 것을 '꿈의 목록'이라고 해요.

여러분도 꿈의 목록을 작성하고, 그 꿈을 하나하나 이루어나가는 기쁨을 누려보세요.

존 고다드(John Goddard)는 탐험가이며 인류학자, 다큐멘터리 제작자였어요. 그는 어렸을 때부터 자신만의 '꿈의 목록' 127개를 적고, 그중 111개의 꿈을 이뤘지요. 그 이후 그의 꿈은 500여 개로 늘어났고, 지금도 그 꿈을 이루기 위해 노력하고 있어요.

"오늘은 꿈의 목록을 작성해 보는 시간을 갖도록 할 게요."

선생님의 말씀에 아이들의 얼굴이 호기심으로 반짝거렸다.

"선생님, 꿈의 목록이 뭐예요?"

지원이의 질문에 선생님이 빙긋 웃으며 설명을 시작했다.

"자신이 하고 싶은 일을 구체적으로 적은 것이 꿈의 목록이에요. 꼭 지금이 아니라 미래에 이루어 내고 싶은 일도 적어 보세요. 오늘은 우선, 노력하면 이룰 수 있는 것들을 열 가지씩 적어볼까요?"

선생님의 말씀이 끝나기 무섭게 뭔가를 열심히 쓰는 아이들도 있고, 골똘히 생각에 잠겨 있는 아이들, 뭘 쓸지 몰라 멍하니 앉아 있는 아이들도 있었다. 마로는 세 번째 종류의 아이였다. 똑딱똑딱 시간이 자꾸 흘러갔지만 마로는 단 한 줄도 쓰지 못했다.

"이상하다? 왜 이렇게 생각이 안 떠오르지?"

마로는 고개를 숙이고 열심히 쓰고 있는 아이들을 둘러보았다. 저마다 입가에 미소를 띠며 종이에 뭔가를 가득 적고 있었다.

★ 꿈의 목록 ★

-유 마 로-

1. 게임 실컷 하기

2. 시험 안 보는 나라로 이민가기

3. 늦잠 실컷 자기

4. 엄마 잔소리 안듣기

5. 로또 당첨 되기

6. 치킨과 피자 질릴 때까지 먹기

7. 투명인간 되어 마음에 안드는 아이 때리기

은하핫

8. 생일선물로 스마트폰 받기

스마트폰

9. 시험 100점 맞기

10. 고학년 되지 않기

"앞으로 5분 정도 시간을 더 주고 발표를 할 거예요."

선생님의 말씀에 마로는 화들짝 놀라 연필을 꽉 쥐었다. 뭔가를 써야 한다는 생각에 마음이 급해졌다.

"가장 먼저 발표해 볼 사람?"

서쪽 마녀 지원이가 자신 있게 손을 번쩍 들었다.

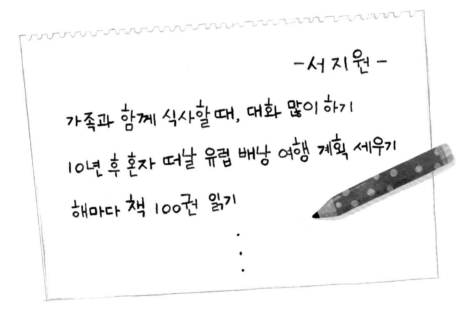

-서지원-

가족과 함께 식사할 때, 대화 많이 하기

10년 후 혼자 떠날 유럽 배낭 여행 계획 세우기

해마다 책 100권 읽기

지원이의 꿈의 목록 발표가 끝나자 아이들이 손뼉을 짝짝 쳤다. 지원이라면 충분히 이룰 수 있는 꿈들이었다.

마로는 자신이 쓴 꿈의 목록을 내려다보았다. 순간 너무 부끄러워 연기처럼 사라지고 싶다는 생각을 했다.

꿈을 이루기 위해 준비해야 할 것은 무엇일까?

⭐ **꿈을 구체적으로 꾸자**

선생님, 과학자 등을 장래희망으로 세우는 것도 좋지만, 구체적으로 '재미 있게 글 쓰는 방법을 알려 주는 국어 선생님', '로켓을 연구하는 우주과학 자'처럼 구체적인 꿈을 정하는 것이 좋아요.

⭐ **자신을 건강하게 만들자**

꿈을 이루기 위해서는 건강해야 해요. 몸과 마음이 모두 건강할 때 자신감 있고 긍정적인 모습을 가질 수 있어요.

⭐ **외국어 능력을 키우자**

국제적인 활동을 할 때 꼭 필요한 능력이에요. 넓은 세상에서 다양한 꿈을 이루기 위해서 꾸준한 노력을 통해 외국어 능력을 키워 나가세요.

⭐ **고집 있는 아이가 되자**

고집이 있어야 한다는 말은 뚜렷한 자기주장이 있어야 한다는 말이에요. 명확한 근거를 가지고 이루고자 하는 꿈을 흔들림 없이 지켜나갈 수 있을 때, 자신의 꿈에 조금씩 다가갈 수 있어요.

✏️ 꿈을 정하고, 실천 계획 세우기

꿈을 구체적으로 적고, 어떤 준비를 해야 할지 적어 보세요.

⭐ 나의 꿈

1.

2.

3.

밤톨이

호박덩어리

찌린재킷이

친구와 함께라면!

왕따가
되지않으려면!

즐거운 학교생활에서 절대로 있어서는 안 될 일은 바로 친구 사이의 왕따예요. 장난으로라도 친구를 왕따시키거나 괴롭히는 일을 해서는 안 돼요. 그리고 반대로 내가 왕따를 당하고 있다고 느껴지면, 바로 부모님과 선생님께 도움을 요청하세요. 왕따는 당하는 사람보다 시키는 친구들에게 문제가 있는 경우가 많아요.

나에게 왕따를 당할 만한 문제가 있는 것은 아닐까? 확인해 보세요.

- 남을 배려하는 마음이 있나요? ○ ✕

- 평소에 욕을 많이 쓰나요? ○ ✕

- 군림하려는 경향이 있나요? ○ ✕

- 선생님께 자주 고자질을 했나요? ○ ✕

- 툭 하면 친구의 흠을 잡지는 않았나요? ○ ✕

일요일 아침, 마로는 4절 도화지를 앞에 놓고 한숨만 내쉬고 있었다.

"중학년이 되니까 도화지도 2배로 늘어나서 그리기가 더 힘들어졌어."

딩동! 벨소리가 나자, 마로는 큰 도화지에서 잠깐만이라도 해방되고 싶은 마음에 후닥닥 뛰어나갔다. 부엌에서 나오던 엄마가 눈을 흘기며 말했다.

"그새를 못 참고 뛰어나왔네, 쯧쯧."

마로가 현관문을 열자 나영이가 인사를 하면서 들어왔다.

"안녕하세요? 아줌마! 마로하고 포스터 그리려고 왔어요."

"그래, 잘 됐구나. 마로가 포스터 그리기를 어려워하던데, 예쁘고 공부도 잘하는 나영이가 마로 좀 도와주렴."

엄마의 말에 마로는 기가 팍 죽었다. 무엇이든 잘하는 나영이 앞에 서면 왠지 쪼그라드는 느낌이 들었다.

"이나영, 너는 고민 같은 건 하나도 없지?"

마로의 말에 스케치를 하던 나영이가 고개를 번쩍 들었다. 커다란 두 눈에 눈물이 그렁그렁 맺혔다.

"어, 이나영! 너 왜 그래? 내가 뭘 잘못했다고!"

마로가 쩔쩔매자, 나영이가 눈물을 쓱 훔치며 말했다.

"내가 고민 없는 애로 보이니?"

"어, 넌 완벽한 엄친딸이잖아."

"엄친딸이면 뭐해? 반에서 왕따인데."

마로는 나영이 말에 깜짝 놀라 물었다.

"뭐라고? 나랑 같은 반이었던, 1~2학년 때 인기 짱이었잖아."

"그랬지. 그런데 지금은 아냐."

그러자 마로는 뭔가 생각났다는 듯 물었다.

"너, 아직도 애들 막 시키고 그러냐?"

"응."

"나에게 하는 것처럼 무시하는 말도 막 하고."

"응."

"이나영, 너 정말······."

"왜, 그런 걸 묻고 그래?"

그런 게 뭐가 문제냐는 듯 대답하는 나영이를 보자 마로는 속이 답답했다.

　마로는 포스터 그리기 숙제는 다 못하더라도 나영이에게 '왕따가 되는 방법'을 꼭 가르쳐 주어야겠다고 생각했다. 그러면 똑똑한 나영이는 왕따가 되지 않는 방법은 저절로 알게 될 테니까 말이다.

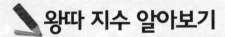

왕따 지수 알아보기

나에게 해당하는 것에 **V** 표 하세요.

- 친구가 집에 놀러오는 경우가 없다.

- 친구 집에 초대 받는 일이 없다.

- 전화를 주고받는 친구가 없다.

- 다른 아이들과 잘 어울리지 못한다.

- 현장학습이 다가오면 같이 어울릴 친구가 없어 걱정이 된다.

- 점심시간에 혼자 밥을 먹는다.

- 우리 반 친구들이 나를 싫어하는 것이 아닐까 걱정이 된다.

- 학교에서 새로운 친구를 사귀는 것이 무척 어렵다.

- 반에서 인기가 없는 것 같다.

- 아이들과 함께 하는 협동학습을 잘 해내지 못한다.

나의 친구 관계 확인하기

∨ 표의 개수에 해당하는 내용을 확인해 보세요.

0~2개 친구들과 잘 어울리고 있으니 걱정하지 마세요. 지금의 친구 관계를 잘 유지할 수 있도록 배려하는 마음을 가진다면 더 좋겠죠?

3~4개 친구들과 어울리는데 약간의 어려움이 있군요. 좋은 친구 관계를 위해서 양보하고 친구의 입장에서 생각하는 마음을 가지려고 노력한다면, 극복할 수 있을 거예요.

5개 이상 친구들과의 관계에 어려움이 많군요. 자신의 태도에 어떤 문제가 있는지 돌아보고 어떻게 바꿔야 할지 생각해 보세요. 친구 관계가 좋은 다른 친구를 살펴보고 배워야 할 점을 찾아 보세요.

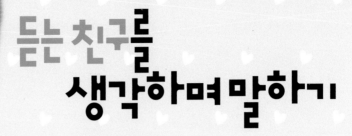

02 듣는 친구를 생각하며 말하기

말은 어떻게 하느냐에 따라서 듣는 사람에게 힘이 될 수도 있고, 독이 될 수도 있어요. 같은 뜻을 전달하더라도, 어떻게 표현을 하느냐가 중요하지요.
말을 하는 나보다 듣는 친구를 먼저 생각하고 이야기해야 해요. 그러면 오해가 생기는 일도 줄어들 거예요.

달리기가 느린 친구에게

조금만 더 힘을 내!
잘하고 있어,
화이팅!

뚱땡아!
뛰는 거냐, 걷는 거냐!

응원하는 친구들을
위해서 더 힘을 내서
뛰어야지!

창피하게!
너무한 거 아니야?
그냥 그만 뛸까?

반 아이들은 두 편으로 나눠서 이어달리기를 하고 있었다.

"헉, 큰일 났네. 찬이랑 같은 편이야."

마로가 배턴을 받아 뛰기 시작하자 찬이가 소리를 질렀다.

"유마로 뚱땡이, 너 도대체 하루에 몇 끼를 먹어 그렇게 뒤뚱거리면서 못 달려?"

마로는 '괜찮아, 괜찮아' 하면서 못 들은 척하고 배턴을 다음 아이에게 전달했다. 그 다음 주자는 얼굴이 동그란 시현이었다. 시현이가 뛰기 시작하자, 찬이가 또 소리를 질렀다.

"호박덩어리가 굴러간다, 굴러가."

"박찬! 나한테 그러는 건 괜찮은데, 여자애한테는 그러지 마."

"뭐라고? 너, 여자애들 편드는 거야?"

찬이가 으르렁거리며 다가오자 마로는 겁이 나서 주춤주춤 뒤로 물러설 수밖에 없었다. 그 모습을 보던 여자아이들이 수군수군댔다.

"언어폭력자, 찬이를 그대로 둬서는 안 되겠어. 어떻게든 꼭 혼 좀 내 주자."

며칠 후 국어시간, 아이들이 열심히 준비한 역할극을 시작했다.

옛날에 말을 함부로 하는 왕이 살고 있었습니다. 어느 날 이웃나라와 전쟁
이 일어나서, 백성들이 나라를 지키기 위해 모였습니다.
"지는 건 도저히 못 참아. 백성들이여, 나가서 싸워라."
"예, 열심히 싸우겠습니다."
"그런데 뚱땡아, 너는 도대체 하루에 몇 끼를 먹는 거야? 저런 찌질이, 그것
하나도 제대로 못 하냐? 호박덩어리가 굴러가네."
백성들은 나라를 위해 열심히 싸우려 했지만, 왕이 생각없이 한 말들이 화
살이 되어 백성을 다 죽게 했습니다. 이렇게 허망하게 백성을 잃어버린 왕
은 싸워 보지도 못한 채 이웃나라 왕에게 붙잡혔습니다.

반 친구들은 모두 재미있게 역할극을 보았지만, 얼굴이 빨개진 찬
이는 고개를 푹 숙였다.

플러스 언어와 마이너스 언어 구분하기

우리가 하는 말들은 듣는 사람을 격려하고 칭찬하는 플러스 언어와 질타하고 무시하는 마이너스 언어로 나눌 수 있어요.

다음은 어떤 언어인가요?

- ➕➖ 너, 이것도 못 해? 못 생긴 게 정말 가지가지 한다.

- ➕➖ 참견하지 마! 너나 잘 해!

- ➕➖ 내가 도와줄까?

- ➕➖ 너 오늘 그 옷 참 멋지다. 잘 어울리는데?

- ➕➖ 저리 가! 너랑 놀기 싫어.

- ➕➖ 멍청이! 바보 같으니라고!

- ➕➖ 기운 내. 다음엔 잘 할 수 있을 거야.

- ➕➖ 그거 너랑 안 어울려. 제발 벗어라.

- ➕➖ 고마워. 네가 있어 참 좋아.

 언어통장 만들기

최근에 내가 자주 사용한 말을 적고 그 말들이 플러스 언어인지 마이너스 언어인지 표시해 보세요.

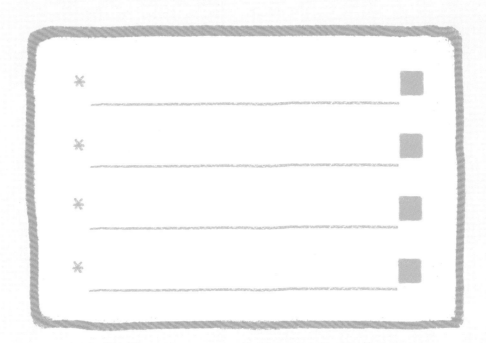

플러스 언어와 마이너스 언어 중 어느 쪽을 더 많이 쓰고 있나요?

플러스 언어 ___ 개	< = >	마이너스 언어 ___ 개

03 나와 어울리는 친구 만들기

나랑 생각이 비슷하고, 내 마음을 잘 알아 주고, 나랑 잘 어울리는 친구를 만나고 싶지만, 그런 친구를 찾는 일은 정말 어려워요. 왜냐하면 이 세상 사람들은 모두 각자의 개성이 있기 때문이에요.

나와 어울리는 친구를 만드는 방법은?

비슷한 친구를 찾기보다는 내가 그 친구와 비슷해지려고 노력해 보세요. 친구와 어울릴 수 있도록 노력하며 맞춰가다 보면 서로에 대해 더 잘 알게 되고, 도움이 될 수 있는 관계로 발전시킬 수 있는 멋진 친구가 될 거예요.

나와 다른 면이 많지만 친해지고 싶은 친구가 있다면?

친구가 좋아하는 것에 관심을 갖고, 이야깃거리를 늘려 보세요. 자신에게 관심이 있는 사람을 싫어하는 사람은 없어요. 그리고 내가 좋아하는 것도 함께 나누면, 서로 도움이 될 수 있는 좋은 친구가 될 수 있겠죠?

"**이번** 학예회에는 한 사람도 빠짐없이 참여해야 한다는 것 알고 있죠?"

선생님의 말에 아이들이 큰 목소리로 대답했지만 마로는 같이 준비할 친구도, 무엇을 해야 할지도 정하지 못해서 답답했다.

"유마로! 너 학예회 뭐 나갈지 준비했어?"

"아니, 혹시 너도?"

"어, 나도 아직. 우리 같이 해 볼까?"

"우리 둘이? 할 수 있을까?"

민수가 학예회 준비를 같이 하자고 해서, 고민을 하나 덜었지만, 민수도 마로처럼 수줍음이 많은 친구라 잘해낼 수 있을지는 걱정이었다.

"우리 둘은 공통점이 많으니까 잘 될 것 같은데?"

"공통점?"

그날부터 마로와 민수는 머리를 맞대고 학예회 준비를 짜기 시작했다.

♫ 우리는 꿔다 논 보릿자루 같은 존재, 있으나마나한 존재,

너희들 눈에는 우리가 보이지도 않지, 우리는 유령이니까,

하지만 우리에게도 꿈이 있어, 있어,

유령이 아닌, 유명한 사람이 되고 싶다는 꿈꿈꿈.

되고 싶어 된 게 아냐, 유령!

되고 싶다고 되는 것도 아냐, 유령!

공부 좀 못한다고, 뚱뚱하다고,

못생겼다고, 눈에 띄지 않는다고

유령으로 만들지 마, 제발 ♪ ♬

학예회 때 유령처럼 하얀 보자기를 뒤집어쓰고 랩을 하기로 하고,
가사를 만들었다.

"강민수, 너 말은 잘 안하면서 랩을 할 때는
술술 아나운서 같아!"

마로의 말에 민수가 대답했다.

"너도 그래. 발표할 때는 말
을 더듬거리면서 랩을 정말
시원하게 하잖아."

마로는 민수와 학예회에 나가게 되어 참 좋았다. 민수의 새로운 면을 발견한 게 가장 큰 수확이었다. 그리고 무엇보다 성격이 비슷한 민수랑 랩을 연습하고 나면 가슴이 뻥 뚫리는 것 같아 좋았다.

장단점을 이해하고 진짜 친구 되기

| 잘난 척하는 친구 | 이미 알고 있는 이야기라도 잘 들어 주기 | ➡ | 내가 잘하는 것을 친구에게 이야기해 주기 |

잘난 척하는 친구
이미 알고 있는 이야기라도 잘 들어 주기 ➡ 내가 잘하는 것을 친구에게 이야기해 주기

"이것 좀 도와줄래?" 라는 말을 자주 하기 ➡ 작은 일에도 관심 가져 주기

책임감이 부족한 친구
친구가 부탁해도 일을 대신해 주지 않기 ➡ 혼자 일을 할 수 있도록 조언해 주기

솔직하게, 친절하게 친구의 잘못을 말해 주기 ➡ "잘 할 수 있어" 라고 격려 자주 해 주기

불평불만이 많은 친구	친구의 이야기를 성의껏 들어 주기	어떤 일이든지 긍정적으로 생각할 수 있도록 도와주기
	함께 그 불평불만을 해결하기	"같이 해 볼까?" 라는 말을 자주 하기
의욕이 없는 친구	사소한 의견이라도 칭찬해 주기	함께 참여할 수 있도록 기회를 주기
	관심을 보이기 위해 자주 전화도 하고 이메일도 보내기	"너, 정말 잘한다", "대단해"라는 말을 해 주기

04 겉모습보다 속마음을 바라보기

처음 만난 사람들은 어떻게 서로를 판단하고 평가할까요?

대부분의 사람들은 주로 외모만 보고 판단하는 경우가 참 많아요. 처음 만났을 때는 서로에 대한 정보가 없기 때문이에요. 그래서 처음 사람을 만날 때는, 외모를 단정히 하는 것도 중요하지요.

하지만 한 교실에서 함께 생활하는 친구들은 서로 조금씩만 관심을 가진다면, 더 많은 것을 알 수 있어요.

내가 먼저 주변의 친구들에게 관심을 가지고 알아가려고 노력한다면, 그 친구들도 내게 관심을 갖고 나의 겉모습뿐만 아니라 다른 나의 장점들도 알아봐 줄 거예요.

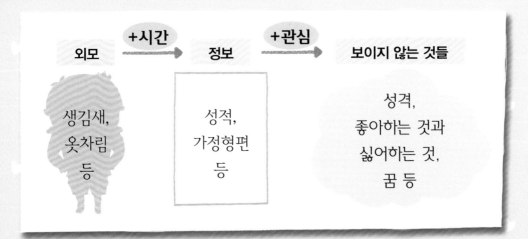

외모	+시간 →	정보	+관심 →	보이지 않는 것들
생김새, 옷차림 등		성적, 가정형편 등		성격, 좋아하는 것과 싫어하는 것, 꿈 등

"골라 골라, 마음대로 골라 가세요. 싱싱한 야채 한 다발이 무조건 1,000원입니다."

엄마와 함께 간 재래시장에서 어디선가 들어본 목소리가 들려 무심코 뒤를 돌아보았다.

"앗, 쟤는?"

리어카에 야채를 잔뜩 쌓아놓고 같은 반 철수가 소리를 치고 있었다. 공부를 못해서 반 평균 깎아내리는 주범이라고 아이들이 싫어하는 아이, 바로 김철수였다.

"어머나, 저렇게 싸고 좋은 야채가 1,000원이라니?"

엄마가 단거리 선수처럼 리어카 쪽으로 달려갔다.

"엄마, 딴 데 가서 사면 안 돼?"

마로가 외쳤지만 엄마는 이미 야채를 장바구니에 넣고 있었다. 마로는 할 수 없이 쭈뼛쭈뼛 다가갔다.

"유마로! 여기서 만나다니 정말 반가워."

철수는 창피하지도 않은지 씩씩한 목소리로 외쳤다.

"어, 나도."

"이 재래시장에 자주 오니? 여기가 우리 엄마 아빠 가게야."

"마로랑 같은 반 친구니? 엄마 아빠를 도와드릴 줄도 알고, 정말 효자구나."

학교에서와는 달리 시장에서의 철수는 어른스러워 보였다. 공부를 못한다고 깔보는 마음을 가졌던 것이 좀 부끄러웠다.

집으로 돌아오는 길, 어두컴컴한 공원에서 시끄러운 소리가 들려 뒤를 돌아보았다. 여자아이들 서넛이 한 아이를 빙 둘러싸고 시비를 걸고 있었다.

"앗, 쟤는?"

마로는 여자아이들 속에서 같은 반 영주의 얼굴을 발견하곤 깜짝 놀랐다.

'학교에서는 얌전하고 선생님 말도 잘 듣는 모범생인 영주에게 저런 모습이 있다니?'

마로는 시장에서 본 철수 얼굴과 공원에서 본 영주 얼굴을 다시 떠올렸다.

'사람은 겉모습만으로 판단해서는 안 되는구나. 우리 반 애들도 내 겉모습만 보고 판단하지 않았으면 좋겠는데…….'

마로는 친구들이 자기를 어떤 친구로 생각할지 갑자기 궁금하고
걱정이 됐다.

그리고 오늘 본 친구들의 새로운 모습에 좀 더 친구들한테 관심을
가져야겠다고 생각했다.

✏️ 친구에 대한 매너 점수 알아보기

가까이 있어서 자칫 소홀하기 쉬운 친구. 하지만 가까울수록 예의를 지켜야 한다는 것 알고 있죠?

친구에 대한 나의 매너점수는 얼마나 되는지 알아 보아요. 각 질문별로 1점에서 5점까지 나를 돌아보면서 점수를 매겨 보세요.

❶ 친구가 실수를 하면 비웃거나 잘못을 꼬치꼬치 따진다. ▢

❷ 친구의 말이 이해가 안 가면 답답해서 못 참고 화를 버럭 낸다. ▢

❸ 친구의 비밀 이야기를 지킨다고 약속하고서 금방
　 다른 사람에게 이야기해 버린다. ▢

❹ 나랑 의견이 다르면 말다툼을 한다. ▢

❺ 친구에게 솔직하게 말하지 않는다. ▢

❻ 내가 잘못을 했을 때 구구절절 변명을 늘어놓는다. ▢

❼ 친구의 고민을 들으려고 하지 않는다. ▢

❽ 친구를 사귈 때 외모를 중요하게 생각한다. ▢

❾ 친구를 잘 놀린다. ▢

❿ 친구가 어려운 일을 당하면 슬쩍 피하거나 모른 척한다. ▢

나의 친구 관계 확인하기

점수를 모두 더해서 해당하는 내용을 확인해 보세요.

45점 이상 친구가 나의 행동 때문에 많이 상처를 받았겠네요. 친구와 좋은 관계를 유지하기 위해서 나의 태도를 반성하고, 친구의 마음에 관심을 갖도록 노력해 보세요.

35~44점 친구에 대한 이해가 부족해요. 내가 아닌 친구의 입장에서 다시 한 번 생각하고 행동하도록 노력해 보세요.

25~34점 친구를 이해하려고 노력을 열심히 하고 있네요. 친구를 배려하는 마음을 조금만 더 키운다면, 좋은 친구 관계를 유지할 수 있을 거예요.

24점 이하 친구와의 매너를 잘 지키고 있네요. 지금처럼 변함없는 마음으로 친구를 대한다면 학교생활을 즐겁게 할 수 있을 거예요.

05 함께 해서 좋은 협동 학습

여럿이 모여 협동학습을 하면 토론을 거치면서 다양한 생각과 창의적인 해결 방법이 나와요. 그리고 과제를 분담해서 역할을 수행해야 하기 때문에 책임감도 느낄 수 있어요.

협동학습이 잘 진행되기 위해서는

역할 분담
과제를 완성하기 위해 모둠 구성원이 골고루 역할을 나눠 수행해야 해요. 진행과 활동책임, 기록과 발표, 분위기 만들기 등으로 역할을 구체적으로 나눠서 맡는 것이 좋아요.

책임감
각 개인별로 역할을 해내지 못하면, 다음 단계로 넘어가지 못하는 등의 함께하는 구성원에게 피해를 줄 수 있어요. 혼자 해내기 힘든 역할을 받았다면 도움을 요청해서 해결하는 것도 좋아요.

동등한 참여
누구나 참여할 수 있는 기회를 똑같이 주어서 모둠원의 역할을 분담하고, 역할을 바꿔서 해 보는 것도 좋아요. 혼자서 모든 것을 다 해내는 것은 협동학습에서는 좋은 모습이 아니에요.

"**이번** 달에도 역시 협동학습 과제를 주겠습니다. 이번 협동학습 주제는 따로 정해주지 않고, 모둠원들이 주제를 정하고 그 주제에 따라 해결하는 겁니다."

선생님의 말에 아이들이 아우성을 쳤다

"시간은 딱 일주일 주겠습니다. 다음 주 이 시간에 발표할 테니 준비하도록!"

마로는 휴, 한숨을 내쉬었다. 이번 달 마로와 같은 모둠원이 된 친구는 수연이, 민수 그리고 철수였다.

'이번 협동학습은 정말 어렵겠다. 모둠을 이끌어갈 아이가 한 명이라도 있어야 하는데.'

다른 아이들도 마로와 똑같은 생각이었는지 한숨을 푹 쉬었다.

"지난달에는 우리 마을에서 존경하는 인물 찾아 인터뷰하기, 지지난달에는 오이 키우기였지. 선생님이 이번 달에도 주제를 정해 주면 좋을 텐데."

수연이의 말에 다른 아이들이 고개를 끄덕였다.

"하나씩 의견 좀 내 봐. 뭐가 좋을지."

마로의 말에 민수가 모기만 한 목소리로 말했다.

"난 너희들이 정하면 그냥 따라갈게."

누구도 자신 있게 의견을 내지 않고 시간만 자꾸 흘러갔다.

"이런 건 어떨까?"

철수가 조심스럽게 말을 꺼냈다.

"우리 동네 간판을 조사하는 거야. 간판의 이름을 조사하고, 가게 주인을 만나 왜 그런 이름을 지었는지 인터뷰도 하고."

"굿 아이디어! 정말 좋은 생각인걸! 조사한 간판 이름에 대한 우리 생각도 함께 정리하면 좋겠다."

수연이의 말에 철수가 자신감을 얻은 듯 말했다.

"그럼, 시장 쪽 간판은 내가 조사할게. 부모님 일을 도와야 해서 너희들이랑 같이 돌아다닐 수는 없을 것 같아. 미안해. 대신, 시장 쪽 간판은 내가 완벽하게 조사할 테니 맡겨 줘."

"그래, 그러자. 그럼, 시장을 제외한 나머지 구역은 우리 셋이 다니며 조사하면 되겠다."

"철수야, 미안해하지 않아도 돼."

"고마워."

"그럼, 목요일 이 시간에 다시 모여서, 조사한 것을 가지고 이야기를 하자."

"좋아."

회의는 5교시가 시작되기 1분 전에 아슬아슬하게 끝났다. 재미있는 협동학습이 될 것 같아 마로는 마음이 들떴다. 다른 아이들도 그런지 얼굴이 발그레했다.

우리 동네 가게 이름 조사

모둠이름 : 네잎클로버

모둠원 이름 : 유마로, 이수연, 김민지, 김철수

조사 날짜 : 〇〇〇〇년 10월 11일 ~ 17일

결과지 작성한 날짜 : 10월 18일

이름	종류	이유	느낌
깎고 볶고	미용실	머리카락을 자르고, 파마를 하는 장소인 미용실을 짧고 인상적으로 표현	우리말 표현이 친근하다.
냥이와 멍이	애완동물 용품점	인기 있는 애완동물 두 가지를 귀엽게 표현	아기자기한 동물 용품을 팔 것 같다.
천원마트	생활용품점	저렴한 물건을 팔고 있다는 것을 알리고 싶어서	천 원짜리 물건은 무엇이 있을까 궁금하다.
고칠래요?	옷수선집	옷을 고쳐 주는 일을 하므로	무엇을 고치는 집인지 표시를 해 주는 것이 좋을 것 같다.
Coffee & Bread	카페	커피와 빵을 주로 파는 곳이어서	파는 것만을 간단히 적는 것도 좋은 이름이 되는 것 같다.
연수떡집	떡가게	동네 이름이 연수동이니까	평범하지만 기억하기 쉽다.

협동학습을 하고 난 후의 느낌

 동네를 돌아다니느라 엄청 힘들었다. 가게 주인들 중에는 친절하게 대답해 주는 분들도 있었지만 귀찮아하며 눈총을 주는 분들도 있었다.

 이름을 잘 짓는 것이 참 중요하다는 생각을 했다. 간판 이름이 그 가게의 첫인상이니까. 가게 이름을 보면 주인의 성격을 짐작할 수 있을 것 같다.

 짧으면서 인상적인 간판 이름이 오랫동안 머릿속에 남았다. 간판이 너무 크고, 어수선하게 달려 있어서 보기에 안 좋은 곳도 많았다. 비슷한 크기로 예쁘게 간판을 달면 어떨까, 하는 생각이 들었다.

 시장에서 본 간판 이름이 더 재밌고 토속적이다. 간판 이름이 세련되지는 않았지만 값도 싸고 맛도 더 있을 것 같은 느낌이다.

선생님, 도와주세요!

학교에서의 부모님, 담임선생님

담임선생님은 단순히 교과목을 가르쳐주는 지식의 전달자만은 아니에요. 학교에서 함께 생활하면서 지식뿐 아니라 정신적, 육체적 성장을 도와주는 분이시지요.

집 다음으로 가장 많은 시간을 보내는 곳은 학교일 거예요. 그러니까 담임선생님은 제2의 부모님이라고도 할 수 있지요. 선생님을 부모님처럼 생각하고, 고민거리가 생겼다면 상담하고, 잘한 일은 자랑하고, 잘못한 일은 반성하면 되는 거예요.

선생님과의 관계가 좋아야 일 년 동안 공부도 재미있고, 학교생활도 즐거울 수 있을거예요.

교과활동

국어, 수학,
영어, 과학 등

특별활동

학급활동,
학교활동,
클럽활동 등

생활지도

예절, 진로,
사회성, 건강,
여가 등

"마로야, 너의 담임선생님은 어떤 성격이시니?"

아빠의 질문에 마로는 머리를 긁적였다.

"글쎄요."

"어디 사시냐?"

"글쎄요."

아빠는 한심하다는 듯 혀를 쯧쯧 찼다.

"결혼은 하셨냐?"

"글쎄요."

"선생님이 좋아하는 음식은?"

"글쎄요."

아빠가 물어보는 질문에 마로는 한 가지도 정확하게 대답을 하지 못했다.

"일 년 동안 너를 가르쳐주실 분에 대해 그렇게 하나도 아는 것이 없다니, 너무 한 것 아니냐? 이제부터 마로, 네 이름을 글쎄요로 바꿔야겠다."

그때, 옆에 있던 누나가 톡 나섰다.

"마로, 너! 설마 담임선생님 이름도 모르는 건 아니겠지?"

누나 말을 듣자 마로는 갑자기 머릿속이 깜깜해졌다.

'글쎄, 정말 선생님 이름이 뭐였더라?'

마로는 방에 돌아와 가만히 생각해 보았다. 그러고 보니 정말로 담임선생님에 대해 모르는 게 너무나 많았다.

"마로는 시금치나물을 싫어하지만 콩나물은 좋아하지?"

"마로네 집은 푸른 아파트 7동, 맞지?"

"마로는 누나가 있어서 참 좋겠다."

"마로는 취미가 뭐더라? 아, 생각났다. 새로 나온 빵 꼭 먹어 보기, 하하하."

생각해 보니 선생님은 마로에 대해 모르는 게 없었다. 그런데 반대로 마로는 선생님에 대해 아는 게 하나도 없다는 사실을 깨닫자 갑자기 부끄러워졌다.

　　　"그래, 이제부터라도 담임선생님에 대해 관심을 가져야겠다."

선생님께 난 어떤 스타일의 학생일까?

황소 스타일
성실하다. 자신이 맡은 일은 언제 어디서고 열심히 한다.

양 스타일
잘 도와준다. 친구의 어려운 점을 그냥 보아 넘기지 않는다.

독수리 스타일
뭐든지 잘 하고 싶어 한다. 목표를 정했으면 꼭 그 목표에 도달하려고 애쓴다.

고양이 스타일
자신을 특별하다고 생각한다. 튀는 것을 좋아하여 옷과 말투 등을 세련되게 하려고 노력한다.

부엉이 스타일
탐구심이 강하다. 정보를 수집하고 상황을 정확하게 파악한 후 일을 추진한다.

원숭이 스타일
밝고 명랑하다. 항상 즐거운 일을 생각해 내고 호기심과 상상력이 풍부하다.

사슴 스타일

매사에 조심스럽고 충실하다. 남의 말에 신경을 쓰고, 친구에게 최선을 다한다.

호랑이 스타일

옳다고 생각하는 일에 최선을 다한다. 용기도 있고 힘도 있으며 자신감이 넘친다.

코끼리 스타일

긍정적이다. 다른 사람의 고민을 잘 들어 주고 이해심이 넓다.

나는 어떤 스타일의 학생일까요?

_____스타일   이유: _____

어떤 스타일의 학생이 되고 싶나요?

_____스타일   이유: _____

선생님도 실수를 한다고?

선생님에 대한 생각이 조금 어긋났을 때, 서운하거나 실망했을 때가 있을 거예요. 하지만 선생님은 뭐든지 잘하고, 뭐든지 다 알고, 뭐든지 할 줄 아는 만능맨 또는 슈퍼우먼이 아니라 여러분과 똑같은 사람이에요.

여러분들에게 음식을 가려먹지 말라고 하지만 선생님도 싫어하는 음식이 있어요. 당연히 여러분처럼 하기 싫은 것도 있지요.

하지만 싫어한다고 안 할 수는 없잖아요. 그런 것을 다 참고 이겨내야 진정한 어른이 되는 거니까요. 그래서 선생님도 하기 싫은 것도 잘 하려고 노력하고, 여러분들을 격려해주시는 거예요.

또 하나 알아두어야 할 것은 선생님도 사람이기 때문에 가끔은 실수를 한다는 것이에요.

선생님이 실수에 너무 놀라지 않고, 이해하려고 노력하는 모습을 보인다면, 선생님과의 관계는 더욱 친밀해질 거예요

숙제를

깜박 잊고 안 해간 벌로는 마로가 교실 정리를 하고 있을 때였다.

"으~~."

컴퓨터 책상에 앉아 있는 선생님이 눈을 꼭 감고 겁에 질린 듯 이상한 소리를 냈다.

"선생님, 왜 그러세요?"

마로가 선생님 곁으로 가면서 말했다.

마로의 말에 선생님은 책상 위 한 곳을 가리켰다.

선생님이 손가락으로 가리킨 곳에는 작은 거미 한 마리가 기어가고 있었다.

"저, 저것 좀 치워 줄래?"

마로는 얼른 빗자루와 쓰레받기를 가져와 거미를 쓸어내서 화단에 떨어뜨렸다.

"휴, 살았다. 마, 마로야, 고마워. 사실 말이야."

선생님이 더듬거리며 말을 이었다.

"난 곤충이 무서워. 특히 다리가 많은 거미를 보면 온몸이 마비가 될 지경이야."

마로는 선생님을 이해할 수 있었다. 마로도 개한테 한 번 물린 후로는 덩치가 크던 작던 개만 보면 겁에 질리기 때문이다.

"선생님, 거미 때문에 문제가 있었던 적 있으세요?"

"응, 어렸을 때. 그러니까 초등학교 때였어. 반에서 장난스런 녀석이 하나 있었는데, 어느 날 내 웃옷을 들추고 그 속에 거미를 집어넣었지. 아주 작은 거미였는데 그때 놀란 기억이 아직도 남아 있는 모양이야. 그 후로는 거미만 보면, 이렇게 자꾸 겁에 질려 버리네. 극복하기 위해 노력을 하고 있는데 쉽지가 않아."

그러면서 선생님은 쑥스러운 듯 미소를 지었다.

"선생님, 저도 친구집에 놀러갔다가 강아지한테 한 번 물린 적이 있는데, 그 후론 강아지가 너무 무서워요."

"마로도 그런 일이 있었구나. 선생님 하고 비슷한 점이 있네!"

"예."

"마로야, 청소 다했으면 이만 가보렴."

선생님의 말에 마로는 뒷정리를 마저 하고 교실을 나왔다. 뒷문을 닫으면서 마로는 선생님께 말했다.

"참, 선생님! 오늘 일은 비밀로 해
드릴게요."
　교문을 나서는데 웃음이 픽 나왔다. 왠지
선생님과 가까워진 기분이 들었다.

난 어떤 선생님이 될까?

우리 반 친구들에게 어떤 선생님이 되고 싶은지 적어 보세요.

숙제를 안 해왔다.

준비물을 안 가져왔다.

같은 반 아이끼리 싸움을 했다.

화가 난다고 교실 문을
쾅 닫고 나갔다.

공부 시간 중에 딴짓을 했다.

지각을 했다.

담임선생님 칭찬하기

우리 담임선생님은!

선생님의 이런 모습이 좋아요!

칭찬의힘

칭찬을 받으면 행복감을 느끼게 되고, 성취 능력도 증가되어 성공할 확률이 높다고 해요. 그만큼 칭찬의 힘이 크다는 것이지요. 자신이 해야 할 일을 충실히 한다면 칭찬을 받는 일이 많아질 거예요. 하지만 칭찬을 목표로 의도적으로 하는 행동은 좋지 않아요. 칭찬은 남을 의식하지 않고 묵묵히 자기 일을 했을 때 돌아오는 상과 같은 것이라고 생각해야 해요.

때론 칭찬에 인색한 선생님이 계세요. 이 선생님은 칭찬의 마법을 모르시는 걸까요? 물론, 아니에요.

성향에 따라 때로는 칭찬보다는 엄한 모습을 보일 때, 더 학업 능력이나 성취 능력이 높아지는 학생도 있기 때문이에요.

선생님이 칭찬과 벌을 주시는 것은, 함께 생활하는 반 아이들의 스타일과 상황에 맞게 더 발전적인 모습으로 갈 수 있는 방법으로 교육을 하시는 거예요.

선생님께 칭찬을 받으면, 훌륭한 학생이 되고 싶은 마음에 더 열심히 생활하게 되겠죠?

피그말리온 효과
누군가의 기대나 관심 덕에 능률이 오르거나 결과가 좋아지는 현상.

"내가 가장 잘 하는 건 뭘까?"

공부도 운동도 노래도 자신 있게 할 수 있는 것이 없다. 게다가 행동이 어찌나 느린지 달팽이라는 별명도 1학년 때부터 계속 달고 다녔다.

"달팽이! 자신감을 가져! 넌 뭐든지 해낼 수 있어!"

선생님이 이렇게 말했을 때, 마로는 선생님이 놀리시는 것이 아닐까 하는 생각을 했다. 그런데 선생님은 계속 마로를 격려해 주셨다.

음악 시간에 노래하는 게 자신이 없어서 입만 벙긋하는 마로에게 파이팅을 해주시면서 이렇게 말씀하셨다.

"마로! 배에 힘을 주고 허리는 쭉 펴고 목소리를 내 봐."

마로는 선생님 말씀대로 배에 힘을 주고 허리를 쭉 펴고 노래를 했다.

"유마로, 이렇게 좋은 목소리를 왜 숨겼어?"

선생님의 칭찬에 마로의 가슴이 콩닥콩닥 뛰었다.

나눗셈만 나오면 머리가 어질어질 하는 마로에게 선생님이 또 힘

을 주셨다.

"곱셈을 잘하면 나눗셈은 저절로 되는 거니까 겁먹지 마."

선생님이 등을 톡톡 두들겨 주며 격려를 해 주시자, 머리가 아프지도 않았고, 속이 메슥거리지도 않았다. 정말 신기한 일이었다.

그리고 복잡한 나눗셈이 하나도 어렵게 생각되지 않았다. 구구단을 생각하며 천천히 문제를 풀었더니 정말 해결이 되었다. 문제를 하나하나 해결하고 나니 마치 날아갈 듯 기분이 좋았다.

"선생님! 저 문제 다 풀었어요!"

마로가 손을 번쩍 들자 반 아이들이 깜짝 놀라 마로를 쳐다보았다. '설마 달팽이가 벌써?' 하는, 그런 눈빛이었다.

"와, 유마로 정말 대단한데! 난 네가 해낼 줄 알았어!"

마로는 선생님과 짝 소리가 나게 하이파이브를 했다. 그 순간 마로의 가슴이 벅차올랐다. 마로는 칭찬을 받아본 적이 별로 없었다. 그런데 선생님의 관심 어린 칭찬 한 마디에 자신감이 생기고, 의욕이 솟았다. 이제 뭐든지 잘 할 수 있을 것 같은 느낌이 들었다.

선생님께 듣고 싶은 칭찬을 적어 보세요!

여러분의 담임선생님은 칭찬을 잘 하시는 분인가요? 아니면 칭찬에
인색하신 분인가요? 담임선생님에게 듣고 싶은 칭찬을 적어 보세요.

- OO야, 너는 인사를 참 잘하는구나.
  _____

- _____

- _____

  _____

  _____

  _____

  _____

  _____

  _____

내가 선생님이라면 어떤 칭찬을 할까?

국어 시간에 책을
떠듬떠듬 읽는 친구에게

체육 시간에 힘들게
달리기를 하고 있는 친구에게

수학 시간에 문제를
잘 풀지 못하는 친구에게

미술 시간에 색칠을
잘 못하는 친구에게

음악 시간에 틀린
음정으로 노래하는 친구에게

선생님이 좋아하는 학생

선생님께 인정을 받으면 기분이 참 좋을 거예요. 그래서 나름의 방법으로 선생님께 다가가려고 노력을 하지요. 하지만 선생님은 반 아이들을 '누가 더 좋고, 누구는 싫다'라고 편을 나누어 생각하시지는 않아요.

모범생 형

수업 참여도가 높고, 숙제도 꼬박꼬박 잘해 오는 학생은 당연히 선생님 좋아하실 수밖에 없어요. 선생님께 잘 보이기 위해서보다 스스로를 훌륭하게 만들어 나간다는 마음으로 꾸준히 노력해 나가면 좋을 거예요. 여기에 겸손한 마음까지 더한다면, 정말 훌륭한 제자가 되겠죠?

반항아 형

일부러 선생님의 말에 꼭 토를 달거나 반대 의견을 내놓아 선생님의 관심을 끌려고 하는 친구들도 있어요. 하지만 이런 행동은 잠깐 선생님의 관심을 끌 수는 있을지 모르지만, 선생님께 좋은 인상을 줄 수는 없어요. 그리고 일부러 부정적으로 자아를 나타내는 것이 습관이 될 수도 있다는 걸 잊지 말아야 해요.

마로네 반 여자아이들은 선생님에게 엄청 관심이 많다. 관심이 많은 것뿐 아니라, 선생님에게 잘 보이고 싶어 선생님 주위에서 뱅뱅 돌고 그 곁을 떠나지 않는다.

"우리 담임선생님이 잘 생긴 건 맞는 말이지만, 우리 반 여자애들 정말 너무한 거 아냐?"

찬이의 말에 남자아이들이 모두 맞는다고 손뼉을 쳤다.

"우리한테는 친절하지도 않고, 말도 함부로 하면서 선생님 앞에서는 요조숙녀처럼 행동하고!"

"맞아, 모두 이중인격자들이야."

체육시간에 남자아이들이 소곤대는 사이에도 여자아이들은 선생님 주위에 몰려 있었다.

"선생님, 언제 결혼하실 거예요?"

"내 옆엔 이렇게 예쁜 우렁 각시들이 많아서 아직 결혼 생각이 없는데?"

그 말에 여자아이들이 환호를 했다.

그런데 며칠 후, 선생님이 선주에게 문제집을 주었다는 소문이 돌자, 여자아이들은 선생님께 실망했다면서 난리가 났다.

"선생님이 그러실 줄 몰랐어요."

"우리 선생님은 편애 안 하시는 줄 알았는데요."

지원이를 비롯한 여자아이들의 말에 선생님은 웃기만 했다.

여자아이들의 태도는 갑자기 쌀쌀맞게 돌변하고, 남자아이들은 그런 여자아이들의 모습이 재미있어서 히죽히죽 웃었다.

하지만 형편이 어려운 선주의 사정을 알고 있는 마로는 웃을 수가 없었다. 선주의 이야기를 아이들한테 할 수도 없고, 마로는 선생님이 여자아이들에게 오해를 받는 것이 답답했다.

점심시간 후, 오후 수업이 시작될 때, 선생님이 선주를 교탁 쪽으로 부르셨다.

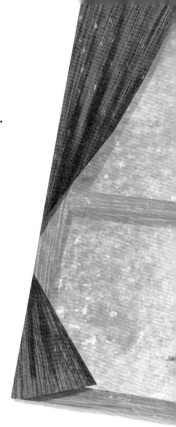

"조용조용. 우리 반 김선주가 봉사상을 받게 되었다. 선주는 매주 일요일, 노인요양원에 가서 할머니들 어깨도 주물러 드리고 말벗도 해드렸다는구나. 조용히 봉사활동을 해 온 선주에게 선생님이 문제집을 부상으로 준 거야. 다들 이제 선생님 미워하지 않고, 선주도 많이 축하해 줄 거지?"

선생님의 말씀에 여자아이들도 고개를 끄덕이며 손뼉을 쳤다. 부끄러운 듯 얼굴을 붉히며 상장을 받는 선주가 우렁각시들 중에서 최고의 우렁각시였다.

선생님께 자랑하고 싶은 나만의 장기는 ?

가장 기억에 남는 선생님을 찾아라!

가장 기억에 남는 선생님의 성함은?

그 이유는?

그 선생님의 모습을 그려 보세요.

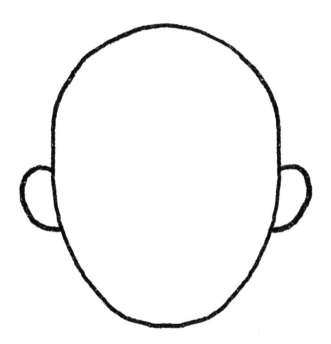

고민을 해결하는 방법

학교생활을 하다보면, 여러 가지 고민들이 생길 수밖에 없어요. '열심히 공부를 하는데, 왜 성적이 오르지 않을까?', '나는 민지가 베스트프랜드라고 생각하는데, 민지는 나보다 경효랑 더 친한 것 같아서 속상해', '목소리가 이상하게 변하는 것 같아서 걱정이야' 등 수많은 고민들이 우리를 괴롭힐 거예요.
이럴 때는 혼자서 끙끙 앓기보다는 문제를 해결하기 위해서 적극적으로 행동하는 것이 좋아요.

❶ 책을 찾아보거나 인터넷을 검색해 본다.

❷ 친구과 이야기를 하면서 함께 해결한다.

❸ 부모님께 말씀드리고 도움을 받는다.

❹ 선생님께 상담을 신청한다.
(사춘기 신체 변화나 건강 상담은
보건 선생님께 Go!)

"마로야, 네 가방에서 나온 이 쪽지, 도대체 뭐니?"
엄마가 부엌에서 물을 마시고 있는 마로를 황급히 불러 물었다.

유마로, 난 네가 좋아.
우리 커플 되자.   -유리-

마로는 정말 깜짝 놀랐다.

'유리가 나를 좋아한다고? 그래서 지난 번에 사탕을 준 거였나?'

생각에 빠졌던 마로는 얼굴이 빨개져 소리를 버럭 질렀다.

"엄마! 나도 사생활이 있어. 왜 내 가방 왜 뒤지고 그래?"

"뭐라고? 준비물 넣어 주려고 그런 건데 고맙다고 이야기는 못 할 망정."

엄마가 기가 막히다는 듯이 말했다.

"언제는 중학년 됐으니 혼자서 알아서 하라며, 왜 갑자기 준비물을 챙겨 준다고 그래?"

사실, 준비물 챙겨 준 엄마가 고마웠다. 그런데 왜 크게 소리를 지르고 화가 나는가 하면 쪽지를 주고 커플 되자고 한 게 유리이기 때문이다.

"유리라는 아이, 어떤 아이니? 예뻐? 공부는 잘해? 어디 사니?"

엄마의 계속되는 질문에 마로는 소리를 다시 꽥 질렀다.

"내가 좋아하는 건 유리가 아니라, 수연이란 말이야!"

마로의 소리에 공부하던 누나까지 부엌으로 나왔다.

"그러니까 복잡한 삼각관계가 됐단 얘기네."

"삼각관계면 괜찮게? 사각관계란 말이야, 사각관계!"

"뭐? 사각관계?"

"그래그래, 어떻게 된 건지 이야기 좀 해 봐. 재미있겠다."

"누나 지금 뭐하는 거야? 난 머리가 복잡한데, 재미있겠다니!"

마로는 버럭 화를 내며 자기 방으로 들어가 버렸다.

마로는 누나의 놀림에 기분이 상한 것보다도 유리의 쪽지에 어떻게 답장을 해줘야 할지가 걱정이 되기 시작했다.

'아~ 어떻게 하지?'

○월 ○일

주제: 어지러운 사각관계 ★

오늘 유리에게 좋아한다는 쪽지를 받았다.
그런데 기분이 복잡하다. 왜냐하면 나는 유리보다
수연이를 더 좋아하기 때문이다. 우리의 비극은 여기서
시작된다. 나는 유리보다 수연이를 더 좋아하고
수연이는 나보다 찬이를 더 좋아하고 찬이는
수연이보다 유리를 더 좋아하고
유리는 나를 좋아한다는 것이다.
우리는 왜 서로 계속 엇갈리는
사랑을 하는 것일까?

To. 유마로

-유리-

선생님. 선생님도 이런 사각관계에 빠져보신적
있으세요? 저는 어떻게 해야 할까요? 그냥 유리와
커플이 되어야 할까요? 아니면 수연이에게 좋아
한다고 고백해야 할까요?
선생님 답장 꼭 주세요.

책가방을 열다가 일기장을 보는 순간 좋은 생각이 떠올랐다.

'그렇지! 일기 속에 내 고민을 쓰는 거야. 선생님이 읽어보시고 이
복잡한 사각관계를 해결해 줄지도 모르니까.'

고민상담실 – 선생님! 이런 고민이 있어요

Q 내가 좋아하는 여자아이가 나를 별로 좋아하지 않고 다른 남자아이에게 더 관심이 많아요.

A 좋아하는 여자아이가 좋아하는 남자아이를 관찰해 보세요. 그 남자아이의 매력이 무엇인지, 장점이 무엇인지 살펴보는 것도 좋겠어요. 정말로 그 여자아이가 좋다면 그 여자아이의 마음에 들도록 내 행동을 고쳐보는 것도 좋을 것 같아요. 하지만 내 개성을 버리고 오로지 여자아이의 마음에 들기 위해서 무조건 나를 변화시킨다는 일에 대해서도 고민해 봐야겠지요?

Q 우리 반 남자아이와 커플이 되었어요. 그런데 그 남자아이는 우리가 주고받은 문자를 친구들에게 다 보여줘요.

A 남자와 여자의 차이는 분명 있어요. 여자는 주고받은 문자를 나 혼자서만 읽고 간직하고 싶은 심리가 있는 반면, 남자는 또래에게 자랑하고 싶은 심리가 있어요. 내가 보낸 문자를 공개하는 게 싫다면 남자친구에게 부탁을 하세요. 내 문자를 공개하는 게 싫다고요. 혼자서만 읽으면 안 되겠냐고요. 여자 친구의 부탁을 거절할 남자친구는 없을 것 같은데요. 만약 싫다고 한다면 커플로서 자격이 부족한 것 아닐까요?

Q 열심히 공부는 하는데 성적이 오르지 않아요.

A 공부하는 것은 책상에 앉아 있는 시간이 오래 되었다고 잘 되는 것은 아니에요. 효율적인 면을 생각해 보아요. 내가 하는 공부 방법을 과목별로 자세히 공책에 적어 보세요. 그러면 내 공부 방법에 어떤 문제점이 있는지 찾아낼 수 있을 거예요.

Q 공부를 잘하지 못하는데 학급 회장, 부회장 선거에 나가도 될까요?

A 최저기준에만 도달해 있다면(예를 들어 한글을 잘 못 읽는다든지, 못 쓴다든지 하는 기초실력 부족한 경우가 아니라면) 아무 문제가 없어요. 그 대신 리더십은 있어야겠지요. 어떤 집단을 이끌어가려면 리더십과 더불어 배려하는 마음, 결단력 등도 필요해요.

Q 올백 받는 방법을 알고 싶어요.

A 올백 받고 싶어 안달복달인 학생들과 학부모님들을 보면 가슴이 답답해요. 올백이라는 너무 현실적이지 못한 것을 꿈꾸기보다, 내가 부족한 과목 성적을 먼저 올리기 위해 노력하다보면 올백에 가까운 성적을 받게 될 거예요.

학교 활용법

상의 의미

요즘은 초등학생을 대상으로 여러 가지 분야에서 다양한 대회를 열고 있어요. 그래서 상을 주는 기관도, 종류도 무척 많아졌지요. 학교에서 받을 수 있는 상만도 학업상, 개근상, 착한 어린이상, 독서퀴즈상 등 그 종류를 셀 수 없을 정도로 많아요.

상을 많이 받았다는 것은 학교생활을 충실하게 하고, 다양한 재능을 익히고 계발했다는 증거이니 칭찬받아야 할 일이에요.

하지만 노력의 결과로 받아들여야 할 여러 상들이, 대학입시 등에 도움이 된다는 이유로 상을 받는 것에만 의미를 두는 친구들이 늘어나고 있는 것은 걱정스러워요.

열심히 노력해서 받은 상은 스스로를 성장하게 하지만, 상을 받는 것에만 목표를 두고 받은 상장은 종이 이상의 의미가 없을 거예요.

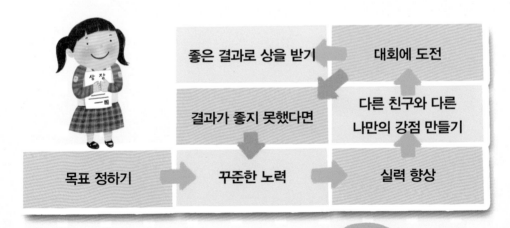

엄마가 오랜만에 엄마들 모임에 다녀와서는 자꾸 이상한 이야기를 하기 시작했다.

"너도 이제 스펙을 쌓아야 해. 그러니까 앞으로는 모든 대회에 다 나가는 거야."

마로는 달라진 엄마 모습이 너무 이상했다.

저녁이 되자 퇴근한 아빠에게 엄마가 엄마들 모임에서 들은 이야기를 큰소리로 말하기 시작했다.

"오늘 엄마들 모임에 갔더니 그러더라고요. '마로는 어느 정도 스펙을 쌓았냐?'고. 그래서 스펙이 뭐냐고 했더니만 막 웃어대면서 엄마 자격이 부족한 것 같다면서 마로를 어떻게 대학에 보낼 거냐고 하더라고요."

"그런데 그 스펙이란 게 도대체 뭐야?"

"당신도 스펙이 뭔지 몰라요? 영어로 specification. 다시 말해 학력, 학점, 자격증 같은 것을 말하는 거래요."

"그러니까 내 말은 그런 게 우리 마로에게 왜 필요하냐고? 마로는 이제 초등학생인데."

"요즘은 초등학생 때부터 차근히 경력을 쌓아두어야만 좋은 대학에 갈 수 있대요."

엄마는 아빠의 반대에도 불구하고 학교에서 실시하는 모든 대회에는 다 나가야 한다면서 마로를 들들 볶아댔다. 마로는 하기 싫어도 억지로 대회에 나가야 했고, 결과는 뻔했다.

엄마의 강요로 억지로 나간 여러 대회는, 이제 대회라는 말만 들어도 마로의 속을 울렁거리게 했다.

그러던 어느 날, 담임선생님이 마로를 불렀다.

"마로야, 요즘 너무 많은 대회에 나가는 것 같은데, 준비는 제대로 하고 나가고 있는 거니?"

마로는 그동안의 일을 선생님께 얘기했다.

그러자 선생님이 마로의 등을 두들기며 결론
을 내려 주었다.

"상 때문에 나가는 대회는 의미가 없어. 이제부
터는 네가 진짜로 좋아서 도전하고 싶은 대회를 찾
아서, 열심히 준비를 해보자."

선생님의 말을 듣고 나자, 가슴이 뻥 뚫리는
것처럼 시원해졌다.

도전하고 싶은 상을 정하고 계획 세우기

독서퀴즈왕

일주일에 책을 3권 이상
읽고, 독서록을 꼼꼼히
작성한다.

상

성 명 ____

____ 년 __ 월 __ 일

학교 행사가 궁금하다면!

　　새해 혹은 새 학년을 맞을 때, 올 한 해를 어떻게 해야 잘 보
낼 수 있을까 생각하면서 목표를 정하고 계획을 세우죠? 그것과 마
찬가지로 학교에도 학생들이 어떻게 한 해를 알차게 보낼 수 있을까 고
민을 해서 만들어 놓은 계획이 있어요.

학교별로 그 계획이 조금씩 다를 수가 있으니, 학교 홈페이지에 들어가서
일정을 미리 확인해 두는 것이 좋아요. 행사에 대한 정보를 미리 알고 준
비한다면, 더 좋은 결과를 낼 수 있을 거예요.

요즘 얼마 남지 않은 학교 음악회 연습 때문에 마로네 반 아이들이 분주했다.

"이번 음악회에는 특별히 부모님들이 많이 참석하실 수 있도록 저녁 때 개최하기로 했으니까. 준비에 더 신경을 쓰자!"

이번 음악회에서 마로는 아이들과 리코더 합주를 하기로 했다.

"애들아, 우리 합주 맞춰 봐야 하니까 점심시간에 야외학습장에서 만나자."

리코더를 잘 부는 지원이의 말에 아이들이 고개를 끄덕였다.

마로는 리코더 합주에서 낮은음 파트를 맡았는데 잘 되지 않아 고민이었다.

'그냥 빠진다고 할까? 나 때문에 합주를 망치면 어쩌지?'

이런 마로의 고민을 눈치챘는지 서쪽 마녀 지원이가 작은 목소리로 말했다.

"유마로, 점심시간 전에 잠깐 리코더 들고 강당으로 올라와."

마로는 얼굴이 빨개졌다. 지원이가 마로만 따로 연습을 시키려는 모양이었다.

'에이, 자존심 상하는데 하지 말까? 아니지, 이렇게 포기하면 학교 음악회 같은 큰 행사엔 영영 못 나갈지 몰라.'

마로는 잘하는 게 별로 없어 학예회에 나가본 것도 저번에 민수와 함께 랩을 했을 때가 처음이었다. 그런데 이번엔 학교 음악회에 나간다고 하니까 엄마 아빠가 얼마나 기뻐했는지 모른다. 그런 엄마 아빠를 실망시킬 수는 없다.

'그래, 열심히 한번 해 보자.'

마로는 4교시가 끝나자마자, 강당으로 얼른 올라갔다.

"너의 문제점은 숨을 너무 깊이 불어넣는 거야. 가볍게 투투 하면서 소리를 내 봐."

마로는 지원이가 하라는 대로 리코더를 불어 보았다. 혼자 연습할 때보다 훨씬 소리가 잘 났다.

"잘하는데? 너도 하니까 잘하잖아."

마로는 지원이가 가르쳐 준 것을 생각하며 연습을 계속했다. 그러자 자신감도 조금씩 붙는 것 같았다.

학교는 들썩들썩, 마로의 어깨도 으쓱으쓱.

마로는 학교 음악회 행사에 참여하면서 이 기분
때문에 아이들이 열심히 여러 행사에 참여하는구나
하는 것을 깨달았다.

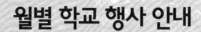

월별 학교 행사 안내

개학식과 입학식
전교생이 운동장 또는 강당에 모여 개학식을 해요. 개학식이 끝난 후, 입학식을 하는데 이때 학생 대표로 6학년이 참석을 하지요.

학급 정부회장 선거
3학년 이상부터 학급 회장과 부회장을 뽑아요. 학교에 따라 2학년에서도 회장 부회장을 뽑기도 해요. 보통 학급 회장은 1명, 부회장은 남녀 각 1명을 선출해요.

전교어린이회 정부회장 선거
학급 정부회장 선거가 끝나고 난 후, 전교 어린이회 선거를 해요. 전교 회장은 6학년, 부회장은 5학년에서 1명, 6학년에서 1명 합하여 2명을 선출해요.

계발활동 조직
학교에서 운영하고 있는 계발활동 종류를 꼼꼼히 확인한 후, 자신이 원하는 부에 들어가 소질 계발활동을 해요. 보통 1년 동안 활동하므로 신중하게 선택하는 것이 중요해요.

교과학습 진단평가
전 학년의 학습 내용을 평가하는 시험이므로, 지난 학년 교과서나 참고서를 버리지 말고 활용하는 것이 좋아요.

과학의 달 행사

4월 21일 과학의 날을 맞이하여 과학의 달 행사가 많이 있어요. 과학그림글짓기 대회, 기계과학대회, 로봇 과학대회, 로켓 과학대회, 전자과학대회, 탐구 토론대회 등 그 종류도 다양해요. 행사는 대부분 4월 초에서 중반까지 집중되어 있으므로 미리 준비한다면 좋은 성과를 얻을 수도 있겠죠?

신체발달검사(체격, 체질검사)

키, 몸무게, 가슴둘레, 앉은키, 시력 청력 등을 검사해요. 신체에 질병 등의 문제가 있는지 확인하고 간이치료 및 예방을 하기 위한 검사예요. 작년보다 얼마나 성장했는지 확인해 볼 수 있는 기회도 될 수 있어요.

현장 체험학습

학년별로 혹은 반별로 학교 외의 장소로 나가 다양한 경험을 하는 것을 말해요. 차량을 이용하여 먼 거리를 이동한다면 안전에 유의하고, 현장학습 갈 곳에 대해 미리 공부를 해 둔다면 더 많은 것을 얻을 수 있을 거예요. 중요한 설명은 꼭 메모하고, 디지털 카메라 또는 스마트폰을 활용해서 다양한 자료를 모으는 것도 좋아요.

어린이날 기념 체육대회

어린이날을 기념해서 전 학년이 운동장에 모여 체육대회를 열어요. 학교에 따라 학년별로 날짜를 달리해서 강당에 모여 작은 운동회를 하기도 해요.

영어말하기대회

3학년 이상 희망하는 어린이들은 정해진 주제에 따라 영어대본을 준비하고, 말하기 대회에 참여할 수 있어요. 희망자가 많을 때는 반 대회를 열어 대표를 뽑기도 해요.

수학사고력대회

보통 3학년 이상이면 수학사고력대회를 치러요. 단순한 계산을 요구하는 문제가 아니라 수학적 사고력을 요구하는 문제가 출제되지요.

학업성취도평가

학교마다 조금 다르기는 하지만 1학기에 1회, 또는 2회의 학업성취도평가를 실시해요. 평소에 복습하는 습관을 길러놓으면 급하게 시험 준비를 하지 않아도 좋은 성적을 받을 수 있을 거예요.

단원별 수행평가

각 교과목 별로 어느 정도 학습을 수행했는지 알아보는 평가예요. 단원이 끝나면 보통 서술형으로 평가를 해요.

여름방학 맞이하기

여름방학 동안 무엇을 할지 계획을 세워요. 부족한 공부에 대한 계획도 좋고, 읽고 싶었던 책을 읽기 위한 독서계획도 만들어 보아요. 또 2학기 교과활동과 연계해서 할 수 있는 체험학습을 계획해 보는 것도 좋아요.

독서의 달 행사

책읽기 좋은 계절을 맞이하여 학교마다 조금씩 다르지만 독서토론대회, 독서퀴즈대회, 논술쓰기 대회 등의 행사를 열어요. 독서퀴즈대회는 정해진 책을 꼼꼼하게 읽고, 주제가 무엇인지, 등장인물의 성격이 어떤지 적어두면, 도움이 될 거예요. 독서토론대회는 찬반토론이므로, 주장을 뒷받침할 수 있는 근거를 수집하는 게 중요해요. 책과 전문가의 의견, 신문기사 등을 활용하면 주장에 힘을 실을 수 있어요.

수련활동(4~6학년)

학년별로 1박 2일, 2박 3일 등의 일정으로 수련활동을 떠날 때는 단체 생활에 잘 적응할 수 있도록 노력하는 자세가 중요해요. 선생님의 통솔에 잘 따르고, 함께 구성된 모둠원끼리의 서로 협조하는 노력을 기울이세요.

학습발표회(학예회)

학습발표회는 전체 학년을 대상으로 할 수도 있고, 학급별로 할 수도 있어요. 학급학예회는 모든 어린이가 참여하는 것이 원칙이므로, 내가 잘할 수 있는 것과 도전하고 싶은 것을 정해서 미리 준비하는 것이 좋아요.

기말평가

학년을 마무리하는 평가예요. 보통 배운 내용 전체를 시험 범위로 하기 때문에, 급하게 공부를 해서는 좋은 성적을 받을 수 없어요. 평소에 복습을 잘해 놓았다면 걱정할 필요가 없겠지만, 시험을 대비해서 준비를 하고 싶다면 2학기 위주로 차분히 정리를 하는 것이 도움이 될 거예요.

불우이웃돕기

주변에 이웃들을 돕는 행사이므로 자발적으로 참여해야 해요. 불우이웃돕기는 성적에 들어가지 않기 때문에 신경을 쓰지 않거나 참여하지 않으려고 하는 친구들이 있어요. 하지만 마음을 바꿔 적극적으로 봉사활동에 참여한다면, 나의 조그만 노력이 받는 사람에게는 얼마나 값진 것인지를 깨닫게 되면서 많은 것을 얻을 수 있는 경험이 될 거예요.

중학년의 역할

전체 행사에서는 고학년이 중요한 역할을 담당하게 될 때가 많지요.

그렇다면 중학년은 어떤 역할을 담당하게 될까요?

중학년은 저학년을 이끌어주는 역할을 맡으면 자신의 능력을 크게 발휘할 수 있어요. 학교생활이 익숙하지 않은 동생들에게 친절하고 다정하게 행사진행 순서나 참여할 수 있는 방법을 알려 주세요.

뿐만 아니라 중학년은 저학년과 고학년의 중간층으로서 균형을 잡아주는 아주 중요한 학년이에요. 저학년의 부족한 점은 일깨워주고, 고학년에게 배울 것은 아낌없이 배우는 자세가 필요해요.

저학년에게는 선배로서, 고학년에게는 후배로서 멋진 중학년이 되어 보아요.

가운데 낀 샌드위치 학년이 아니라 친절한 선배, 멋진 후배의 모습

학교 운동회 날, 아침부터 교문 앞에는 장사꾼들이 늘어서 있고, 운동장에는 만국기가 펄럭였다. 마로는 전교생이 참가하는 운동회가 참 즐거웠다. 직장에 다니는 엄마도 점심시간 이후에는 참석할 수 있다고 하셨다.

"휴, 달리기가 빨리 끝나서 다행이야. 엄마가 달리기 하는 걸 보면 또 살 빼라고 했을 텐데."

달리기를 언제나 꼴찌인 마로지만, 힘을 쓰는 줄다리기에서는 멋진 모습을 보여줄 자신이 있었다.

점심시간에 맞춰 도착한 엄마와 함께 맛있는 점심을 먹고, 바로 시작된 줄다리기에서 마로가 속한 청군이 이겼다. 엄마는 환한 얼굴로 마로에게 엄지를 들어 보이고, 다시 직장으로 돌아갔다.

줄다리기를 마치고 자리로 돌아오니 저학년 아이들이 몇몇은 칭얼대고 또 몇몇은 운동회에는 관심이 없다는 듯 둥글게 앉아 흙장난을 하고 있었다.

"집에 가고 싶어. 지루해."

"그러면 안 돼. 너희들도 이 학교 학생이니까 행사에 끝까지 참여해야지."

"흥! 나 학교 끊을래. 재미없어!"

"휴, 정말 못 말린다. 나도 옛날에 이랬을까?"

마로의 말에 수연이가 한마디 했다.

"너는 더 했을걸."

마로네 반 아이들은 저학년 동생들도 운동회에 참여할 수 있도록, 함께 응원을 하기로 했다.

"애들아, 응원을 열심히 하면, 선물도 받을 수 있대. 저기 조회대 위에 있는 상품 보이지? 우리 청군이 저기 있는 상품을 모조리 쓸어 오는 거야."

청군의 요란한 응원이 시작되었다. 저학년 아이들은 두 손에 윷가락을 들고 두들겨대기 시작했다.

"이 세상에 백군이 없으면 무슨 재미로 사나? 아냐 아냐 청군이 최고야. 맞아, 맞아 청군이 짱이야, 그래그래 청군이 이긴다!"

한참 응원을 하고 있는데 1학년 꼬맹이 하나가 달려 나왔다.

"형! 나 학교 안 끊을래. 운동회 너무 재미있어. 응원은 더더더 재미있어."

마로는 1학년 꼬마가 귀여워 꼭 안아 주었다.

스트레스 이기는 방법 10가지

학교에 다니는 것이 늘 즐거운가요?
즐거울 때도 있지만 여러 가지 과제들과 주어진 역할들 때문에 스트레스를 받을 때도 있을 거예요. 그럴 때는 참지 말고, 스트레스를 푸는 방법을 연구해 보아요.

노트에 적기 또는 일기 쓰기

느끼는 감정을 글로 옮기면서 스트레스는 줄어들어요.

소리 내어 울기

울고 나면 속이 시원해져요.

사진 보기

행복했던 시절의 사진들을 보면 그때 기억이 떠올라 행복해져요.

추억에 잠기기

좋은 기억을 머릿속에 떠올리면 행복한 기분이 들이요.

운동하기

운동을 해서 땀을 흘리면 복잡한 마음이 사라져요.

소리 지르기

화나게 만든 대상을 향해 소리를 지르면 속이 시원해져요.

창조적 활동하기

만들기나 그리기 등 창조성이 요구되는 일은 스트레스 예방과 치료에 도움이 되어요.

코미디 프로그램 보기

코미디 프로그램을 보며 아무 생각 없이 웃으면 기분이 풀려요.

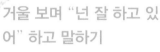

친구와 이야기하기

마음 맞는 친구와 즐겁게 이야기를 해 보아요.

거울 보며 "넌 잘 하고 있어" 하고 말하기

자신감을 가지면 스트레스가 줄어들어요.

봉사 활동을 하려면!

많은 사람들이 봉사를 하고 난 후 하는 말은 '내가 준 것보다 받은 것이 더 많았다'예요. 어려운 사람을 도와줌으로써 내 마음이 즐거워지고 행복해지니까 얻은 것이 더 많다는 말이 맞는 거겠지요. 베푼다는 것은 나와 다른 사람, 결국 두 사람 모두를 기쁘게 하는 것이에요.

스스로 적극적으로

억지로 하는 것은 봉사가 아니에요. 할 수 있는 일을 스스로 찾아서 하는 것이 진정한 봉사라고 할 수 있어요.

꾸준히 열심히

봉사를 시작했다면 힘들고 어렵다고 쉽게 포기해서는 안 돼요. 그래서 급하게 시작하는 것보다 마음의 준비를 확실히 한 후에, 꾸준히 실천하는 것이 중요해요.

기쁜 마음과 겸손한 태도

봉사는 나보다 못한 사람을 도와주는 것이 아니에요. 나의 도움이 필요한 사람들에게 나의 힘을 조금 보태주고 많은 생각을 할 수 있는 기회를 얻게 되는 일이에요. 그리고 대가를 바라면 봉사의 의미가 퇴색되어 버린다는 것도 잊지 마세요.

보육원 앞에 마로네 반 아이들이 하나 둘 모였다.

"에이, 토요일에 이게 뭐야?"

"그러게 말이야. 이런 날엔 게임을 실컷 해야 하는 건데."

정각 9시, 선생님이 보육원 안에서 아이들을 맞으러 나오셨다.

"선생님, 봉사활동을 꼭 토요일에 해야 해요?"

영민이가 볼멘소리로 말하자, 선생님이 싱긋 웃으며 대답했다.

"봉사활동을 꼭 토요일에 하지 말란 법이라도 있나?"

마로는 봉사활동이란 것을 해 본 적이 별로 없었다. 기껏 해야 학교 운동장을 청소하는 일 정도였다.

"자, 자! 어차피 하기로 한 일 불평은 모두 접어 두고, 밝은 얼굴로 들어가자. 여기 보육원에 사는 아이들은 부모와 함께 살 형편이 못 돼서 온 아이들이 대부분이니까 잘 보살펴 주기다."

마로는 지원이와 영민이랑 한 팀이 되어 5세 아이들이 있는 방으로 들어가자 순식간에 아이들로 빙 둘러싸였다.

"언니, 나랑 놀아 줘!"

한 여자아이가 지원이 손을 잡아끌었다. 영민이
는 몇몇 아이들에게 종이비행기를 만들어 주기 시작했다.

"난 무얼 하지?"

마로는 주위를 둘러보다 책상 밑에 숨어 있는 한 남자아이를 발견
했다. 아이 눈에는 눈물이 덕지덕지 묻어 있었다.

"너 이름이 뭐야? 이리 나와서 나랑 놀자."

마로가 엎드려 손을 내밀자, 남자아이가 울먹이며 대답했다.

"윤수, 김윤수."

마로는 윤수의 얼굴을 깨끗이 닦아주고 책을 읽어 줬다.

"형, 형은 누구랑 살아? 나, 엄마가 보고 싶어, 엉엉엉."

마로는 엄마가 보고 싶다면 갑자기 울기 시작하는 윤수를 꼭 안아 주었다.

'다섯 살 때 나는 엄마한테 떼쓰고 고집 피우고 그랬는데. 윤수는 벌써 엄마랑 떨어져 사는구나.'

그런 생각을 하니 가슴이 뭉클해졌다.

'한 달에 한 번이라도 꼭 와서 아이들하고 놀아줘야지.'

봉사활동을 통해 마로는 자기와 다른 처지의 아이들을 만나면서 많은 생각을 했다.

내가 할 수 있는 봉사활동의 종류

일손 돕기 활동

복지시설, 공공시설, 병원,
농어촌, 학교 내에서의
일손 돕기

위문 활동

고아원, 양로원, 병원,
군부대 등에서 위문 활동

캠페인 활동

공공질서 확립, 교통안전,
학교 주변 정화, 환경 보전,
헌혈 등에 대한 캠페인

자선구호 활동

재해 구호, 불우이웃돕기,
구제 협력과 난민 구호

환경 시설 보전 활동

깨끗한 환경 만들기,
자연 보호, 문화재 보호,
나무 심기 활동

봉사활동보고서

____학년 ____반 이름____

| 내(우리)가 한 일 | 잘했다고 생각한 일 |

고칠 점

앞으로 또 봉사를 한다면?

내(우리 팀)가 한 봉사는 전체적으로 어떠했나요?
(잘함, 보통임, 부족함)

봉사활동을 하고 난 후의 느낀 점을 써 보세요.

방과후학교 선택방법

교실에서 배우는 정규과목 외에 방과 후에 다양한 프로그램을 진행하는 것을 방과후학교라고 해요.

방과후학교 프로그램 내용은 무척 다양하지만 학교마다 똑같은 건 아니에요. 학교마다 방과후학교 프로그램을 받기를 원하는 학생의 요구에 따라 프로그램이 달라지기 때문이에요.

학기 초가 되면 방과후학교 프로그램의 종류와 운영 시간과 횟수, 선생님 등을 소개하는 안내장이 나와요. 이때 안내장을 꼼꼼히 살펴서 자신에게 알맞은 프로그램을 선택해야 해요.

그리고 중요한 것은 신중하게 선택한 프로그램은 끈기를 갖고 참여하는 거예요. 중학년부터 참여하는 방과후학교에서는 자신의 꿈, 자신의 미래와 연관지어 유용한 프로그램을 선택하는 것이 좋아요.

적성에 맞는지 1

소질을 계발할 수 있는지 2

재미있게 참여할 수 있는지 3

어느 날부터인가 마로에게 밥을 먹을 때면 젓가락으로 둥 당둥당 식탁을 두들기는 이상한 습관이 생겼다. 이 습관 때문에 엄마한테 계속 혼이 났지만 잘 고쳐지지가 않았다.

"우리 아들, 리듬감이 있는데?"

아침에 함께 식사를 하던 아빠가 이야기했다.

"리듬감이요?"

"리듬감은 무슨! 앞으로 또 밥상에서 젓가락으로 툭탁대면, 용돈 깎을 거야!"

"여보, 장난으로 하는 말이 아니야. 마로야, 너 방과후학교 프로 그램에서 드럼 같은 거 배워 보면 어떨까?"

"무슨 소리예요? 마로는 방과후학교에 참여하는 걸 엄청 싫어한 다고요."

사실 마로는 방과후학교 프로그램에 참여한 적이 한 번도 없었다. 특별히 배우고 싶었던 것이 없었기 때문이었다.

그런데 아빠 말을 듣고 보니, 드럼을 잘 칠 수 있는 소질이 있을지

도 모른다는 생각이 들었다.

쉬는 시간에 복도를 지나다가 마로는 우연히 학교 게시판에서 눈이 번쩍하는 광고 하나를 발견했다.

밴드 동아리 부원 모집

● 모집분야: 기타, 드럼, 베이스, 일렉
● 지원자격: 5학년 이상
  ○ 드럼은 4학년 이상 가능

★ 지원자는 6-1 밴드부 리더에게 찾아오삼~

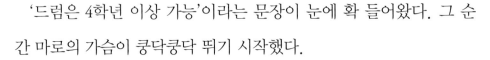

'드럼은 4학년 이상 가능'이라는 문장이 눈에 확 들어왔다. 그 순간 마로의 가슴이 쿵닥쿵닥 뛰기 시작했다.

'꼭, 나한테 하는 이야기 같아.'

그 생각이 들자, 마로는 마음이 급해졌다.

"엄마에게 얼른 방과후학교 드럼반에 들어간다고 전화해야지."

마로는 드럼을 치는 자신의 모습을 상상해 봤다. 정말 멋진 모습

이었다.

방과후학교 활용법

방과후학교는 적성과 소질 계발을 위한 활동으로 활용할 수도 있지만, 때로는 부족한 부분을 보충하는 기회로 만들 수도 있어요.

나에게 맞는 방과후학교 프로그램이 무엇인가 찾고 싶다면, 내가 원하는 것이 무엇인지 먼저 생각해 보아야 해요. 잘 하는 것을 더 깊게 배우고 싶은지 아니면 부족한 것을 배워 좀 더 잘해내고 싶은지를 결정해야 해요.

자신이 좋아하는 것, 소질도 있고 잘할 수 있는 프로그램을 선택했다면 열심히 참여해서 그 부분을 친구들과 다른 나만의 장기로 만들 수 있도록 해 보세요.

나에게 부족한 것을 보충해 줄 프로그램을 선택했다면, 처음에는 당연히 잘 해내지 못해서 포기하고 싶어질 때가 많을 거예요. 하지만 용기 있게 자신의 부족한 부분을 인정하고 시작한 프로그램이니까 조금 더 시간을 가지고 노력해 보세요. 꾸준한 노력으로 이룰 수 없는 것은 없어요.

혹시 학교에서 실시하는 방과후학교 프로그램에 원하는 게 없다면 어떻게 할까요? 주민센터나 도서관 등에서도 다양한 프로그램을 실시하고 있으니 적극적으로 알아보고 도전해 보세요.

방과후학교 프로그램 참여 계획짜기

참여하고 싶은 방과후학교 프로그램을 선택하고 이유를 적어 보세요.

이유 :

이유 :

이유 :

마로는 어깨를 쭉 펴고 교문을
들어섰다.

"유마로, 이제 지각도 안 하네."

교문 앞에서 등교 지도를 하던 6학년 형이 기특하다는 듯 마로의
어깨를 두드리며 말했다.

학교 가기 싫다고 떼쓰던 저학년에서, 이제 마로는 자신감 많은
아이로 성장했다.

"생각을 달리 하니까 세상이 달라 보이네."

자신의 부족한 점을 깨닫고 고치려고 노력한 결과, 자신감도 생기
고 생활태도도 많이 바뀌었다.

"고학년이 되면 지금보다 더 잘 할 수 있을 거야."

마로는 활짝 웃으며 교실로 들어섰다.

계획 세우고 실천하는 습관으로 고학년을 준비!

❶ 계획을 세우고 생활한다
계획을 세운다는 것은 합리적인 생활의 리듬을 만드는 것이에요. 매일의 생활에서 우선순위를 잘 정해 반복적으로 훈련하는 것이 좋아요. 그런 과정을 거치면서 삶의 질서를 배울 수 있어요.

❷ 몸을 튼튼히 한다
몸이 건강할 때 건전한 생각을 할 수 있어요. 아침 7시에 일어나기, 편식하지 않기, 매일 줄넘기 10분씩 하기, 손 자주 씻기 등 구체적인 내용을 정하고 주별 또는 월별 계획을 세워 실천해 보세요.

❸ 규칙을 존중한다
규칙을 존중하면 자신의 안전을 지킬 수 있어요. 규칙을 지키면 수많은 안전사고에서 벗어날 수 있고, '나 먼저~' 하고 싶은 욕구를 '내 차례에~'로 변화시키는 데도 도움이 돼요.

❹ 스스로 해결한다
어리다고 또는 사소하다고 부모님이 대신 해 주기를 바라지는 않겠죠? 자기 물건 챙기기, 방 정리하기, 숙제 해결하기 등을 스스로 하면 자기주도적인 태도가 생겨 어떤 문제가 닥쳐도 잘 해결할 수 있어요.

⑤ 예의 바르게 행동한다

예의 바른 행동은 자기 자신의 품위를 높이는 일이에요. 상냥하게 인사하기, 예의 바른 언어 사용하기, 때에 알맞은 행동하기 등을 지속적으로 실천하다보면 자연스럽게 표현할 수 있어요.

⑥ 바른 학습 자세를 갖도록 한다

바른 자세는 균형 잡힌 몸과 더불어 바른 생각과 행동을 갖게 해요. 연필 바르게 잡기, 글씨 정성스럽게 쓰기, 바른 자세로 앉기, 책상 정리하기 등의 사소한 습관을 어려서부터 잘 길들여 놓으면 학업성취도도 크게 높아져요.

⑦ 좋은 습관은 매일 꾸준히 실천한다

초등학교 생활을 성공하기 위한 습관들은 꾸준히 실천해야 그 가치가 나타나요. 자신의 생활태도와 현재 수준을 고려해 자신에게 알맞은 목표를 구체적으로 세우고 꾸준히 노력해 보아요.